Y2 65716

PARIS
1838
SCHILLER, FREDERICH VON

ROMANS

Le visionnaire , les amours genereux...

Tome 2

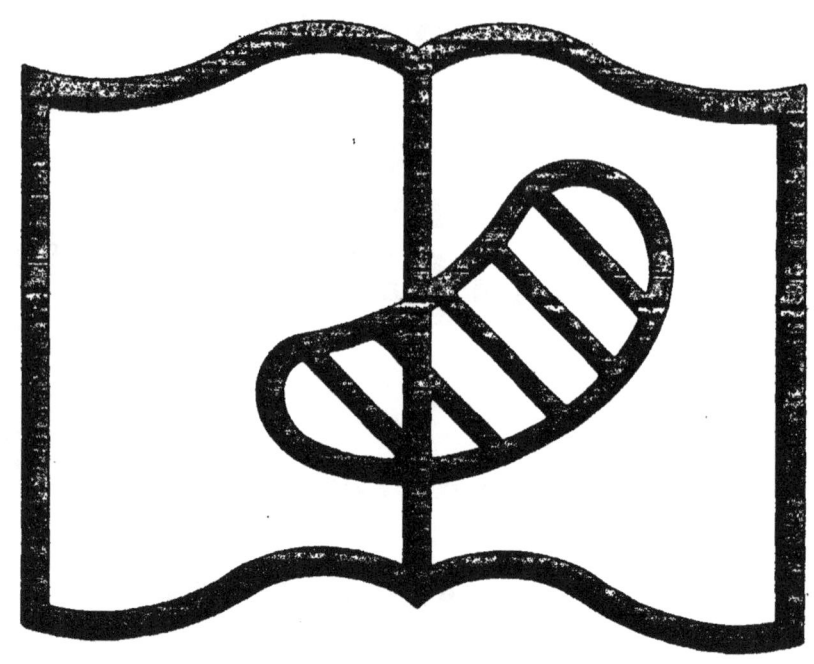

Symbole applicable
pour tout, ou partie
des documents microfilmés

Original illisible

NF Z 43-120-10

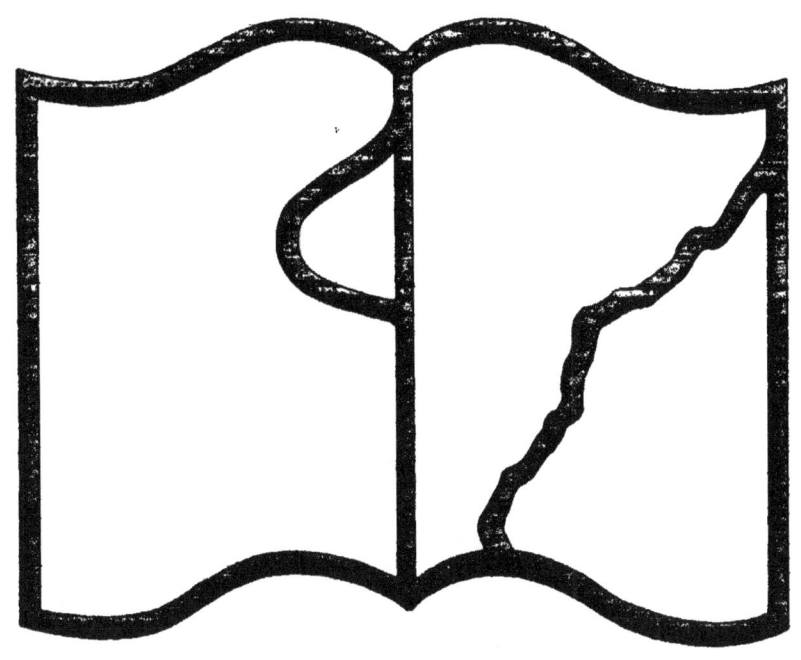

**Symbole applicable
pour tout, ou partie
des documents microfilmés**

Texte détérioré — reliure défectueuse

NF Z 43-120-11

ROMANS
DE
SCHILLER,

LE VISIONNAIRE, LES AMOURS GÉNÉREUX, LE CRIMINEL
PAR HONNEUR PERDU,
LE JEU DU DESTIN, LE DUC D'ALBE,

Traduction de
M. PITRE CHEVALIER,

Dédiée à
M. le Baron de Barante.

II.

PARIS,
DESESSART, ÉDITEUR,
RUE DES BEAUX-ARTS, 15.
—
1838.

ROMANS DE SCHILLER.

ROMANS
DE
SCHILLER,

LE VISIONNAIRE, LES AMOURS GÉNÉREUX, LE CRIMINEL
PAR HONNEUR PERDU,
LE JEU DU DESTIN, LE DUC D'ALBE,

Traduction de
M. PITRE CHEVALIER,

Dédiée à
M. le Baron de Barante.

II.

PARIS,
DESESSART, ÉDITEUR,
RUE DES BEAUX-ARTS, 15

1838.

Amédée GRAVIOT et C., imprimeurs, rue de la Monnaie, 11.

LE
VISIONNAIRE

TIRÉ DES PAPIERS DU COMTE D'O....

X.

Le baron de F... au comte d'O...

Huitième lettre.

Août.

Le prince est toujours dans la même situation vis-à-vis de son inconnue. En attendant qu'il la retrouve, Civitella le distrait en lui contant des histoires. Voici une aventure dans le genre de celle du prince, et qui est arrivée, il y a peu de temps, au marquis. Je vais vous traduire, le plus fidèlement possible, le récit qu'il nous en a fait. Mais je crains bien que l'esprit joyeux, dont il assaisonne tout ce qu'il dit, ne passe point dans ma narration.

— Le printemps dernier, raconte Civitella, j'eus le malheur de déplaire à l'ambassadeur d'Espagne, qui, dans sa soixante-dixième année, croyait avoir épousé pour lui seul une belle Romaine de dix-huit ans. Le digne homme me menaça de sa vengeance, et mes amis me conseillèrent, pour me soustraire aux effets de cette menace, de disparaître de Venise jusqu'à ce que le temps eût enlevé à mon ennemi sa vie ou sa colère.

Ne pouvant toutefois renoncer entièrement à Venise, je pris une maison dans un quartier fort éloigné de Murano ; je m'y logeai seul, sous un nom étranger, et j'y vécus quelque temps, passant les journées dans la retraite et la solitude, et les nuits dans les plaisirs avec mes amis,

J'avais sous mes fenêtres un jardin public, attenant, d'un côté, aux murs d'un couvent, et de l'autre, à une petite presqu'île des lagunes. Ce jardin était aussi peu fréquenté qu'il méritait de l'être pour la beauté de sa perspective.

Le matin, quand mes amis me quittaient, j'avais l'habitude, avant de m'aller coucher, de rester quelques moments à ma fenêtre, à regarder le soleil se lever sur le golfe.

Si vous n'avez point encore vu ce spectacle, monseigneur, je vous engage à choisir, pour en jouir pleinement, le lieu dont je vous parle. Vous ne sauriez trouver à Venise un point de vue plus ravissant.

Figurez-vous d'abord un voile de pourpre

sombre tendu sur tout l'horizon, peu à peu une fumée dorée annonçant le soleil dans les lagunes, et enfin le soleil lui-même dans tout son éclat, remplissant à la fois la mer de flamme et le ciel de lumière. C'est éblouissant, c'est admirable, c'est féerique !

Un matin, pendant que je contemplais ce triple tableau, je m'aperçois tout à coup que je ne suis pas seul à en jouir. J'entends des voix dans le jardin, et en portant mes regards du côté d'où elles partaient, je vois aborder une gondole. Bientôt quelques personnes s'avancent dans le jardin, et viennent vers moi en suivant lentement une allée. Je reconnais un homme et une femme suivis d'un petit nègre.

La femme était vêtue de blanc, et un diamant brillait à son doigt; voilà tout ce que je pus distinguer dans la brume.

Ma curiosité était singulièrement excitée, comme vous pouvez le croire. J'étais sans doute témoin d'un rendez-vous entre deux amants ; mais un rendez-vous en un tel lieu et à pareille heure (trois heures venaient de sonner, et les premières lueurs du crépuscule s'annonçaient à peine à l'horizon)! L'aventure était piquante et promettait un vrai chapitre de roman. Je résolus d'en voir la fin.

Après avoir passé à quelque distance de ma fenêtre, l'homme et la femme disparurent dans des bosquets ; et dans cet intervalle, j'entendis une chanson entonnée par leur gondolier et à laquelle un autre gondolier faisait écho dans le lointain. C'était une ballade du Tasse. Les paroles avaient une étrange harmonie avec l'heure et le lieu où elles retentissaient ; et le chant se détachait délicieusement du silence profond qui régnait alentour.

Cependant le jour commençait à poindre, et les objets sortaient peu à peu de l'obscurité. Je cherchai des yeux mes personnages, et je les vis revenir par une autre allée. Ils se donnaient la main et s'arrêtaient souvent. Ils s'avancèrent obliquement jusqu'à très peu de distance de ma fenêtre, et, avant d'y arriver, me tournèrent le dos sans m'avoir aperçu. A la noble tournure du cavalier, je devinai un homme d'un haut rang, et à la taille élégante de la dame, une beauté remarquable.

Ils parlaient très peu ; et la femme, cependant, plus que son conducteur. Quant au spectacle qui se développait alors autour d'eux dans toute sa magnificence, ni l'un ni l'autre ne semblait y prendre garde.

Impatient de rapprocher de moi cette belle vision, je courus chercher une longue-vue, et je la dirigeai sur les promeneurs ; mais mon regard les avait à peine rejoints, qu'ils disparurent de nouveau par un sentier latéral. Cette fois je fus longtemps sans les revoir. Ils revinrent enfin de mon côté. Le soleil s'était levé tout-à-fait. Ils passèrent tout près de ma fenêtre, et la femme, en se détournant, me laissa voir son visage....

Quel visage, grand Dieu! Etait-ce l'ouvrage de mon imagination, ou l'effet de la lumière? Je crus voir une figure céleste; et les rayons qui semblaient en sortir m'éblouirent tellement, que je fus obligé de détourner les yeux. Imaginez autant de pudeur que de majesté, autant de feu que de fraîcheur, autant de vigueur que de jeunesse! Je n'entreprendrai point de vous exprimer ce que je sentis devant une telle apparition. Je n'avais jamais connu la beauté; je venais de la connaître!

Ils s'arrêtèrent à causer sous ma fenêtre; et pendant leur conversation, j'eus tout le loisir de perdre la tête en la contemplant.

Mais à peine mon regard fut-il tombé sur

son conducteur, que je ne pus me lasser de le contempler à son tour, et que je ne sus plus auquel donner de préférence mon attention. Figurez-vous un homme dans la force de l'âge, une taille haute et un peu grêle, une imposante stature, et une tête!... Non, jamais je n'ai vu dans une tête humaine tant de noblesse, de grandeur et, en quelque sorte, de divinité! Quoique je fusse bien sûr de n'être point aperçu de lui, le regard de ses yeux noirs me faisait mal. Et cependant il y avait dans ce regard une douce mélancolie; et le sourire de ses lèvres avait une expression de bonté touchante qui tempérait la sévère tristesse de sa physionomie. Ce qui ajoutait encore à la haute originalité de ce personnage, c'était un certain trait de sa figure qui n'avait rien d'européen, et l'étrangeté de son costume, composé, avec un goût exquis et inimitable, des costumes les plus heureux des diverses nations du globe. Quelque chose d'un peu égaré dans son regard annonçait au premier abord une sorte de légèreté ou de folie ; mais ce soupçon ne pouvait tenir devant l'observation de son maintien et de ses manières, qui dénotaient l'homme du monde le plus calme et le plus contenu.

— Parbleu ! voilà notre Arménien ! C'est lui ! ce ne peut être que lui ! s'écria à cet endroit du récit le chambellan Z..., qui, comme vous savez, dit toujours tout ce qu'il pense.

— De quel Arménien parlez-vous ? demanda Civitella.

— Ah ! dit le prince, c'est une farce qui ne vous a pas encore été contée ; mais ne vous interrompez pas, je vous prie ; quel qu'il soit, votre personnage m'intéresse ; veuillez continuer votre histoire.

— Mon personnage, reprit le marquis, se conduisait, avec sa compagne, d'une façon extraordinaire. Il lui jetait des regards expressifs et passionnés, et quand elle voulait les lui rendre, il baissait les yeux.

—Cet homme est-il fou? me demandais-je.

Et quoique je ne comprisse rien au spectacle que j'avais sous les yeux, je serais resté tout le jour à le contempler.

Mais ils se remirent en marche, et des broussailles me les cachèrent encore. J'attendis longtemps sans qu'ils reparussent, et je désespérais de les revoir, lorsque je les aperçus d'une autre fenêtre.

Cette fois, ils étaient devant un bassin, à quelque distance l'un de l'autre, et paraissaient réfléchir profondément. Selon toute apparence, il y avait déjà longtemps qu'ils étaient dans cette position singulière. La jeune femme fixait un œil animé sur son conducteur, pour lire sur son front ce qui se passait dans son âme; et lui, il semblait chercher dans le miroir de l'eau l'image de celle qui le regardait, comme s'il n'eût pas osé l'envisager elle-même; ou bien il considérait machinalement le dauphin de bronze qui vomissait en l'air l'eau du bassin.

Cette scène muette aurait duré indéfiniment, si la jeune femme ne se fût chargée d'y mettre un terme. Elle s'approcha de l'homme d'un air doux et soumis, lui jeta mollement ses deux bras autour du cou, et prit une de ses mains qu'elle baisa avec tendresse. L'autre, immobile et impassible, recevait ces caresses sans y répondre par un seul geste.

Il y avait dans ce tableau quelque chose d'attendrissant. L'homme surtout me touchait et m'intéressait. Un violent combat semblait se livrer en lui. Une force irrésistible l'entraînait vers la jeune femme, et une puissance contraire le retenait loin d'elle. Malgré tout l'attrait du danger, cette lutte était aussi tranquille que douloureuse. Enfin je vis le moment où elle allait finir. Le petit nègre disparut sur un signe du personnage, et je m'attendis à une scène de réconciliation et de tendresse, de pardons demandés et obtenus, de baisers disputés et ravis. Rien de tout cela. L'homme incompréhensible tira de son porte-feuille un paquet cacheté qu'il remit à la jeune femme. Elle le considéra avec tristesse et y laissa tomber une larme. Après quoi, étant restés quelque temps encore à se regarder en silence, ils se remirent en marche.

En ce moment, ils furent rejoints par une vieille dame que je n'avais point aperçue encore, et qui déboucha d'une allée transversale, où elle s'était sans doute tenue à l'écart pendant l'entrevue. Tous trois s'éloignèrent lentement. Les deux femmes allaient devant en parlant à voix basse, et l'homme les suivait à peu de distance. Bientôt, profitant d'un moment où elles ne s'occupaient point de lui, il s'arrêta comme pour se séparer d'elles, demeura quelques instants indécis, et disparut enfin d'un autre côté parmi des broussailles.

Quand les femmes se détournèrent, elles furent tout étonnées de ne plus le voir. Elles le cherchèrent des yeux, et s'arrêtèrent à l'attendre. Puis, ne le voyant point revenir, elles se mirent à courir par le jardin d'un air inquiet. Mes yeux suivaient leurs pas; mais mes recherches furent aussi vaines que les leurs. Il fut impossible de retrouver le personnage.

J'entendis bientôt le bruit d'une gondole qui se détachait du rivage. C'était lui qui partait. Je fus obligé de me retenir pour ne pas le rappeler; mais il était grand jour; et je réfléchis que la scène dont je venais d'être témoin était sans doute une scène d'adieu.

Dans sa course au travers du jardin, la

jeune femme sembla deviner ce que le bruit de la gondole venait de m'apprendre. Prenant le devant sur sa compagne, elle se précipita vers le canal; mais elle y arriva trop tard. La barque s'éloignait avec la rapidité d'une flèche, et un mouchoir blanc, agité dans l'air, fut tout ce qu'on put apercevoir.

L'instant d'après, je vis les deux femmes s'en retourner, et tout disparut.

A peine couché, ma vision se continua dans mon sommeil, si bien qu'en m'éveillant, je me demandai si tout cela n'était pas un rêve.

En effet, une femme plus belle qu'une houri, venant se promener avant le jour sous mes fenêtres, dans un jardin désert, et un homme passant deux heures avec elle sans profiter d'une occasion si séduisante ; cela pouvait paraître assez invraisemblable pour être regardé comme une illusion du sommeil.

Mais, songe ou réalité, la chose était du moins trop agréable pour ne pas revenir souvent à la mémoire ; et mon jardin me fut aussi cher que sacré, depuis que mon imagination l'avait peuplé de créatures si belles et si intéressantes.

Plusieurs jours nébuleux qui suivirent me dispensèrent de faire la garde à mes fenêtres. Mais la première belle matinée m'y vit revenir avec empressement. Jugez de ma joie, lorsqu'après quelques minutes d'attente je vis flotter dans le jardin la robe blanche de mon inconnue. C'était elle ; en vérité, c'était elle ; je n'avais point rêvé !

Elle était accompagnée de la même matrone que la première fois ; mais elle marchait à quelque distance d'elle, plongée dans des méditations profondes. Elle repassa par toutes les allées qu'elle avait parcourues avec l'homme dont la présence semblait les lui avoir rendues chères. Elle s'arrêta surtout près du bassin, où son regard parut chercher longtemps avec regret l'image qui n'y était plus.

Si sa beauté m'avait enchanté le premier jour; cette fois elle me ravit et me transporta. L'effet qu'elle produisit sur moi eut quelque chose de plus doux sans rien avoir de moins vif. Je contemplais enfin, dans son éclat réel, cette créature qui ne semblait pas appartenir à la terre. Peu à peu, ma suprise et mon admiration firent place à un sentiment plus tendre. Même en ôtant à cet ange son auréole, j'y trouvai la plus belle femme que j'eusse jamais rêvée. Bref, ma tête éclata en même temps que mon cœur, et je jurai qu'elle serait à moi.

Pendant que j'hésitais entre le désir et la crainte de descendre au jardin, et d'aller à elle, une porte s'ouvrit dans le mur du couvent, et un carmélite en sortit. Au bruit qu'il faisait, la jeune femme se détourna, quitta sa place, et alla vivement au-devant de lui. Il tira de sa poitrine un papier qu'il lui présenta. Elle le saisit avec empressement, et une joie céleste éclata sur sa figure.

En ce moment, une visite qui m'arrivait habituellement à cette heure, me força de quitter ma fenêtre. Je la fermai, ne voulant faire partager ma découverte à personne. Je passai une heure sur les charbons ardents, avant de me défaire de mon fâcheux visiteur. Enfin, je redevins libre, et je retournai à ma fenêtre....

Il n'y avait plus personne dans le jardin.

Vainement je descendis et parcourus toutes les allées. Nulle trace d'être vivant. Point de gondole sur le canal. Rien nulle part!

D'où était-elle venue? Où était-elle allée? C'est ce que je me demandais, en promenant autour de moi mes regards désappointés,

2.

lorsqu'ils tombèrent sur un objet blanc, oublié dans le sable. Je m'en approchai, et je vis un papier plié en forme de lettre. Cela ne pouvait être que le papier apporté par le carmélite à la jeune femme.

— Heureuse trouvaille ! m'écriai-je. Elle va me livrer tous ses secrets et me rendre maître de sa destinée !

La lettre était sans adresse; elle portait sur le cachet la figure d'un sphynx, et était écrite en chiffres. Cette circonstance ne m'effraya point. J'avais les moyens de passer outre. Je copiai le tout à la hâte, pour le remettre à sa place, présumant que la jeune femme reviendrait bientôt l'y chercher. Or, si elle ne l'eût pas retrouvé, elle eût compris qu'elle n'était pas si seule qu'elle croyait, au jardin, et cette découverte eût pu l'en éloigner pour toujours. — Ce qui eût fait mon désespoir.

Ce que j'avais prévu ne manqua point

d'arriver. A peine avais-je copié la lettre, que je vis la jeune femme revenir avec la matrone, cherchant partout avec inquiétude. J'attachai le papier à un morceau d'ardoise que je détachai du toit, et je le laissai tomber à un endroit où devait passer la belle chercheuse.

Sa joie de retrouver son trésor me récompensa magnifiquement. Elle examina minutieusement la lettre, comme pour deviner quelle main profane l'avait touchée. Mais la satisfaction avec laquelle elle la cacha dans son sein prouva qu'elle ne gardait point de rancune. Elle s'en retourna, en remerciant d'un regard plein de reconnaissance et de bonté le génie invisible du jardin qui lui avait conservé si fidèlement les secrets de son cœur.

Je me hâtai de déchiffrer la lettre; j'essayai successivement le secours de plusieurs langues. Enfin je réussis au moyen de l'anglais. Ce que je lus était si intéressant que je l'appris par cœur. Le voici textuellement...

A cet endroit, mon cher comte, le marquis fut interrompu ; je vous transmettrai la fin de son récit, dès que je l'aurai obtenue de lui ou du prince.

XI.

Le baron de F... au comte d'O...

Neuvième lettre.

Août.

Le prince est le plus heureux des hommes; sa joie est de l'ivresse et du délire; il a retrouvé la Grecque. Voici comment.

Un étranger, arrivant de Chiozza, nous avait vanté la situation pittoresque de cette ville sur le globe, au point de donner au prince l'envie d'en juger par ses propres yeux. La partie fut résolue le jour même, et elle a été exécutée hier.

Pour être moins gêné dans ce voyage, le prince voulut le faire incognito. Il ne prit avec lui que Z..., Biondello et moi. Au moment même où nous arrivions sur le port, nous trouvâmes un bâtiment prêt à lever l'ancre, et nous nous y embarquâmes. Des passagers sans importance furent nos compagnons de route, et la traversée n'offrit rien de remarquable.

Bâtie sur pilotis, comme Venise, Chiozza compte à peu près quarante mille habitants. La noblesse y est fort rare, mais en revanche les pêcheurs et les matelots y pullulent. Quiconque porte perruque et manteau passe pour riche dans cette ville. La capote et le bonnet sont l'uniforme des pauvres. Du reste, l'aspect de Chiozza est aussi remarquable qu'on nous l'avait dit. Pour n'en pas être étonné, il faut connaître Venise.

Notre séjour ne fut pas long dans la ville. Rien n'y retenait le prince, et le patron du navire qui nous avait amenés ne pouvait attendre, devant être de retour de bonne heure à Venise. Quand nous nous embarquâmes, tout le monde avait déjà pris place. Nous nous fîmes donner une chambre, afin d'être plus à l'aise que le matin. Le prince demanda quels étaient nos compagnons de retour. On lui répondit que nous avions avec nous un dominicain et quelques dames. Il n'eut point la curiosité de les voir, et nous nous installâmes dans la chambre qu'on nous avait accordée.

En allant à Chiozza, nous n'avions guère parlé que de la Grecque. En revenant, la conversation fut la même. Le prince raconta avec plus de chaleur que jamais l'apparition de l'église. Mille projets furent formés et rejetés tour à tour, et le temps s'écoula si vite, que nous nous croyions encore à Chiozza, lorsque nous touchâmes à Venise.

Quelques passagers descendirent les premiers, et entre autres le Dominicain. Le patron vint alors demander aux dames où elles désiraient se faire débarquer. Nous apprîmes en ce moment que nous n'avions été séparés d'elles, durant toute la traversée, que par une mince cloison.

— Mettez-nous à l'île de Murano, répondit l'une d'elles.

— A l'île de Murano! s'écria le prince, saisi d'un pressentiment subit.

J'allais lui adresser la parole, quand Biondello rentra précipitamment dans la chambre.

— Savez-vous avec qui nous sommes? dit-il.

Le prince tressaillit, et s'écria :

— Elle est ici?

— Elle-même, reprit Biondello. Je viens de reconnaître l'homme qui l'accompagne.

Le prince monta sur le pont. La chambre était trop étroite pour le contenir. Le monde entier l'eût été dans ce moment. On voyait que mille sentiments opposés se disputaient son ame. Ses genoux fléchissaient. Il rougissait et pâlissait tour à tour et presque au même instant. Son attente et son impatience étaient telles, qu'elles se communiquaient à nous, et spécialement à moi, qui tremblais sans m'en rendre compte. C'est un état qu'il m'est impossible de vous peindre.

Cependant le navire achève sa course. On arrive à Murano. On aborde; le prince s'élance à terre, et la jeune fille s'avance pour en faire autant. Avant de l'apercevoir, je lis dans les yeux du prince que c'est bien elle, et en l'apercevant, je ne puis plus en douter. De ma vie, je n'ai vu une aussi belle femme, et j'avoue que, loin d'être flattés, les portraits tracés par le prince sont fort au dessous de l'original.

Au moment où elle l'aperçut, une vive rougeur lui monta au visage. Elle avait entendu toute notre conversation dans la chambre, et elle avait nécessairement compris qu'il était question d'elle.

— *C'est bien lui !* sembla dire un regard furtif qu'elle jeta à sa compagne.

Et elle baissa les yeux, rougissant de nouveau.

Une planche étroite, jetée du navire au quai, servait de pont pour débarquer. La jeune fille s'y aventura avec une inquiétude qui me sembla venir, moins de la crainte de faire un faux pas, que de la nécessité de se servir d'un bras étranger. Il fallut se résigner cependant ; elle prit la main que lui tendit le prince, et s'élança rapidement sur le bord. L'émotion de ce dernier lui fit alors commettre une impolitesse qui est bien loin d'être dans ses habitudes. Après avoir amené l'inconnue à terre, il oublia que l'autre dame avait besoin du même service. Que n'eut-il pas oublié dans ce moment ? Je m'empressai de réparer sa faute, et cette circonstance me fit perdre le commencement de sa conversation avec la jeune fille.

Quand je les rejoignis, il tenait encore sa main, par distraction sans doute, et sans s'en apercevoir.

— Signora, lui dit-il, ce n'est pas la première fois que... que...

La parole s'arrêtait sur ses lèvres...

—Oui, balbutia la belle passagère, je crois me souvenir en effet...

—Dans l'église de...

—Oui, dans l'église de...

—Je ne m'attendais pas à voir se renouveler aujourd'hui pour moi le bonheur d'être... si près de vous...

A ce mot, elle retira doucement sa main. L'émotion du prince était devenue telle, qu'il ne pouvait prononcer un mot de plus. Heureusement, Biondello, qui avait employé les premiers moments à faire parler les domestiques, vint à propos interrompre une conversation impossible.

— Signor, dit-il, les porteurs de ces dames, qui devaient se trouver ici, sont en retard; et, notre arrivée étant avancée de plusieurs heures, elles courent le risque d'attendre longtemps. Il y près d'ici un jardin où elles pourraient éviter la foule et le bruit du port.

Vous concevez l'empressement avec lequel le prince appuya cette proposition. Elle fut acceptée, à sa grande joie. Et on resta dans le jardin jusqu'au soir.

Z... et moi, nous occupâmes la matrone de façon à ce que le prince put entretenir librement la jeune fille. Il faut qu'il ait bien employé son temps; car elle a consenti à recevoir ses visites.

Au moment où je vous écris, il est chez elle. J'espère qu'il m'apprendra bien des choses en rentrant.

Les lettres de change que notre cour nous faisait attendre depuis longtemps, sont enfin arrivées. Mais elles sont accompagnées d'une lettre qui a mis le prince hors de lui. On le rappelle; et on le prend, à ce sujet, sur un ton auquel il n'est point fait et qui ne servira qu'à l'irriter.

Il a répondu immédiatement qu'il prétendait rester. —Et il reste.

Quant à l'argent qu'on lui envoie, c'est juste ce qu'il faut pour payer l'intérêt de ses emprunts. Nous n'avons plus d'espoir que dans la bonne sœur, de qui nous attendons une lettre avec impatience.

XII.

Le baron de F... au comte d'O...

Dixième lettre.

Septembre.

Le prince est complètement brouillé avec sa cour; de ce côté-là, nous n'avons plus de ressource.

Il y avait plusieurs jours que le terme fixé pour le remboursement du marquis de Civitella était échu, et le prince ne recevait aucun mandat de son cousin, bien qu'il en eut sollicité de lui avec instance. Sa sœur même semblait l'abandonner. Cependant Civitella ne réclamait rien. Mais la mémoire de son débiteur réclamait pour lui; car le prince, lui tenant un compte infini de sa discrétion, ne se croyait que plus obligé à être exact à son égard.

C'est hier, à midi, qu'il a enfin reçu les lettres de sa cour.

Nous avions depuis peu de temps renouvelé le bail de notre hôtel, et tout Venise savait que notre départ était remis indéfiniment.

Le prince n'eut pas plutôt parcouru les lettres, qu'il me les remit sans prononcer une parole. Ses yeux jetaient des flammes. Je lisais d'avance sur son visage ce que j'allais apprendre dans les lettres. L'imagineriez-vous en effet, mon cher O...? On sait à .... tout ce qu'a fait le prince depuis qu'il est à Venise, et la calomnie a brodé la vérité de mille impostures.

On a appris et on dit dans ces étranges lettres : que le prince n'est plus ce qu'on l'a connu autrefois ; qu'il a changé en même temps de caractère et de conduite ; que l'un et l'autre maintenant sont diamétralement opposés aux nobles sentiments qui l'avaient animé jusqu'à ce jour.

On sait qu'il se livre aux femmes et au jeu d'une façon scandaleuse ; qu'il fait des dettes de toutes parts ; qu'il se laisse endoctriner par des visionnaires qui prétendent évoquer des fantômes ; qu'il a contracté des liaisons suspectes avec des prêtres catholiques ; qu'il a monté sa maison sur un pied que ne peuvent comporter les revenus de son apanage ; enfin, qu'il est sur le point de mettre le comble à ses égarements en abjurant sa religion pour passer à l'église romaine.

On lui ordonne de revenir immédiatement se justifier de cette dernière inculpation. Un banquier de Venise, auquel il donnera l'état de ses finances, se chargera d'acquitter ses dettes. On ne juge pas prudent, après tout ce qu'on a su, de mettre à sa propre disposition les sommes destinées à payer ses créanciers.

Quel langage! et quel ton, mon cher comte! J'ai eu peine à en croire mes yeux; j'ai relu plusieurs fois cette incroyable lettre, pour y chercher quelque détail propre à corriger l'ensemble; ma recherche a été vaine. Cette dureté inouïe est un mystère que je ne puis m'expliquer.

Z.... nous a rappellé ces questions mystérieuses dont Biondello a été l'objet, il y a peu de temps, de la part de deux avocats.

La nature de ces questions et l'époque où elles ont été faites se rapportent assez exactement aux griefs de notre cour. Nous nous étions demandé si l'Arménien ne se remettrait point à notre poursuite ; nous étions dans l'erreur. Nous savons maintenant pour qui on nous épiait.

Une apostasie! grand Dieu ! Qui peut calomnier notre maître si platement et si horriblement? Je crains quelquefois que cela ne soit une invention du prince de D... pour éloigner le nôtre de Venise.

Pendant que j'agitais ces questions avec Z.... le prince gardait le silence et se tenait immobile, les yeux fixés tout droit devant lui ; l'expression de sa physionomie m'effraya.

— Cher prince, lui dis-je, en me jetant à ses pieds ; au nom de Dieu ! cher prince, contenez-vous en ce moment. Ne prenez encore aucune décision. Elle serait violente et funeste. Tôt ou tard, n'en doutez point, vous aurez satisfaction de ces injures. Laissez-nous le soin de vous faire rendre justice. Permettez-moi de partir aujourd'hui même pour notre cour. Il serait indigne de vous d'aller vous-même répondre aux reproches qu'on vous adresse. Autorisez-moi à parler en votre nom ; je saurai découvrir l'auteur de ces calomnies, et rompre cette trame abominable.

Nous en étions là, lorsque Civitella parut. Nous trouvant dans l'agitation que vous pouvez vous figurer, il nous en demanda instamment la raison. Z... et moi nous gardâmes le silence. Mais le prince, habitué depuis long-temps à traiter le marquis en intime, trop ému d'ailleurs pour se contenir dans cette occasion, nous ordonna de montrer à Civitella la lettre de notre cour. Je trouvais cette communication imprudente, et j'hésitais à obéir, lorsque le prince m'arracha le papier des mains pour le passer au marquis.

— Monsieur, lui dit-il, quand il eut achevé de lire, je suis votre débiteur, mais n'ayez point d'inquiétude; accordez-moi seulement vingt jours de délai, et je m'acquitterai envers vous.

— Cher prince, s'écria vivement Civitella, qu'ai-je fait, je vous prie, pour mériter que vous me traitiez si cérémonieusement?

— Vous m'avez attendu, marquis, avec une discrétion dont je vous rends grâces. Attendez-moi encore vingt jours, et vous serez satisfait.

— Que veut dire ceci? demanda Civitella d'un air inquiet; je n'y comprends rien, absolument rien... Veuillez m'expliquer...

Nous lui expliquâmes, en effet, ce que nous savions. Il devint pâle de fureur.

— Le prince doit avoir raison de tant

d'outrages! s'écria-t-il. Cela est sans exemple d'insulter ainsi une personne de son rang.

—En attendant, monseigneur, ajouta-t-il, je vous conjure d'user sans crainte et sans scrupule de ma fortune et de mon crédit.

Là-dessus, il nous quitta.

Cependant, le prince n'avait pas encore prononcé une parole. Il marchait à grands pas dans la chambre, et paraissait se plonger dans une préoccupation extraordinaire.

Enfin, il s'arrêta, et continuant de regarder devant lui d'un air hagard :

—*Félicitez-vous*, murmura-t-il entre ses dents, *c'est à neuf heures qu'il est mort!*

Nous ne pûmes nous empêcher de frémir; et nous considérâmes le prince avec une inquiétude mêlée d'effroi.

—*Félicitez-vous..*, reprit-il..; oui je dois me féliciter. — N'est-ce pas ainsi que l'Arménien a parlé sur la place Saint-Marc?

Que pensez-vous qu'il voulût dire par là?

— Monseigneur! comment de telles paroles vous reviennent-elles à l'esprit en ce moment? Quel rapport?...

— Je ne comprenais pas alors le langage de cet homme. Aujourd'hui, je crois que je le comprends. Oh! c'est affreux d'avoir un maître!...

— Cher prince...

— Être assez puissant pour faire sentir.... Ah! que cela doit être un grand bonheur!...

Il s'interrompit. Son air était de plus en plus effrayant. Je n'avais jamais vu ses traits dans un bouleversement semblable.

— Entre le dernier homme du peuple, reprit-il, et le prince le plus près du trône, quelle distance y a-t-il? Il n'y en a aucune. La seule classification qu'on puisse faire des hommes, c'est de distinguer ceux qui commandent et ceux qui obéissent.

Obéir et commander, voilà tout en effet !

Il reprit la lettre et se remit à la lire.

— Vous connaissez, poursuivit-il, l'homme qui m'a écrit ceci? Le salueriez-vous dans la rue, s'il n'était votre maître par le hasard de sa naissance. Par Dieu ! j'apprends aujourd'hui ce que vaut une couronne...

Il continua sur ce ton, et laissa échapper des paroles qui rendraient ce papier mortel si je les lui confiais. Ce monologue m'a révélé des choses que j'étais loin de soupçonner. Jusqu'à ce jour, nous avions été dans de grandes erreurs sur les circonstances de famille de notre cour.

Malgré tous mes efforts pour calmer le prince, il a répondu immédiatement à la lettre qui l'offense, et il l'a fait de façon à rendre tout arrangement impossible.

Vous désireriez sans doute, mon cher O... avoir quelques renseignements positifs sur la belle Grecque. Je suis désolé de ne pouvoir vous satisfaire à cet égard. On ne peut rien obtenir du prince sur cette femme. Elle n'est plus une inconnue pour lui. Mais il paraît qu'il lui a promis une discrétion inviolable. Ce n'est point une Grecque comme nous le supposions. Les uns la disent Française, les autres Allemande. J'ai toutes raisons de pencher pour ce dernier avis. Je la crois en effet Allemande, et fille d'un personnage fort distingué, dont les amours malheureux ont fait grand bruit en Europe. Des persécutions puissantes l'auraient obligée de se réfugier à Venise, et voilà pourquoi le prince aurait eu tant de peine à découvrir sa retraite.

Le mystère dont il entoure ses visites donne beaucoup de vraisemblance à ces conjectures.

Quelle qu'elle soit, au reste, la passion du prince devient chaque jour plus ardente.

Dès le commencement, il allait assez souvent à l'île Murano. Bientôt il y est allé presque tous les jours; maintenant, il y passe sa vie. Nous le voyons disparaître des soirées entières; et, lors même qu'il reste avec nous, il ne s'occupe que de son amour.

Ce n'est plus le même homme. Il va et vient, comme un somnambule égaré. Rien de ce qui l'intéressait auparavant ne peut obtenir son attention. Nous ne le reconnaissons plus.

Ah! mon cher comte, comment finira tout ceci? Notre horizon se charge de nuages. L'avenir m'épouvante, en vérité!..

La rupture du prince avec sa cour complique encore nos embarras, en nous laissant à la merci d'un homme qui possède tous nos secrets. Notre sort est entre les mains du marquis de Civitella. Agira-t-il aussi noblement qu'il semble penser? L'amitié qu'il porte au prince durera-t-elle?

Ou ne nous repentirons-nous point d'avoir initié un seul homme à toutes nos affaires ?

Le prince a écrit de nouveau à sa sœur. Quel succès aurons-nous de ce côté ? C'est ce que je ne tarderai pas à vous apprendre.

XIII.

Je ne reçus point la lettre que le baron de F... m'annonçait. Trois mois se passèrent sans qu'aucune nouvelle m'arrivât de Venise. Ce silence ne me fut bientôt que trop clairement expliqué. Toutes les lettres que m'avait adressées le baron avaient été interceptées. Qu'on juge de ma surprise, lorsqu'au mois de décembre, je reçus la lettre suivante qui ne me parvint que par hasard, Biondello étant tombé malade et n'ayant pu être chargé de l'expédier, comme le traître l'avait été pour toutes celles qui ne m'étaient point parvenues.

Le baron de F... au comte d'O...

Vous ne répondez à aucune de mes lettres, mon cher comte. Comment cela se fait-il? Venez! oh! venez, si vous aimez encore le prince. Nous n'avons plus d'espoir qu'en vous... Jugez en par le billet ci-inclus.... Venez. Nous attendons votre arrivée comme notre salut!.... On dit que la blessure du marquis de Civitella est mortelle. Le cardinal veut se venger à tout prix, et les assassins qu'il a lancés contre nous, cherchent partout le prince... Cher maître!

malheureux maître! pourquoi ne suis-je pas mort avant de le voir réduit à un tel sort? Nous sommes obligés de nous cacher comme des misérables.... Meurtriers et créanciers s'unissent pour nous poursuivre. Nous n'avons pas le temps de respirer. Nous ne vivons pas...

Le prince a trouvé un refuge au couvent d...... Je vous écris au pied de son lit; lit dur et grossier, sur lequel il dort d'un sommeil qui ne fera que renouveler ses forces pour de nouvelles douleurs.

Il a passé sans fermer l'œil les dix jours et les dix nuits durant lesquels Elle a été malade.... J'ai assisté à l'autopsie du cadavre de la malheureuse. On a trouvé des traces de poison.... On la porte en terre aujourd'hui...

Oh! mon cher O..., mon cœur est brisé! Les scènes dont j'ai été témoin ne s'effaceront jamais de mon souvenir. Debout devant son lit de mort, je l'ai vue s'en aller de ce monde comme une sainte, et réunir ses dernières forces pour montrer à son amant le chemin du ciel où elle montait. Toute notre fermeté cédait à ce spectacle. Le prince seul a su résister encore; et, quoi qu'il mourût mille fois plus qu'elle, il a eu assez de force d'âme pour refuser à la pieuse fanatique sa dernière prière...

Voici le billet qui était inclus dans cette lettre :

Au prince de...... sa sœur.

L'église *hors de laquelle il n'y a point de salut*, et qui vient de faire une si brillante acquisition dans la personne du prince de...., ne le laissera point manquer, sans doute, des moyens de poursuivre la carrière par laquelle elle a si bien su l'amener à ses fins. J'aurai toujours des larmes et des prières pour un frère égaré, mais je n'ai plus de bienfaits pour un ingrat.

Henriette****.

XIV.

Aussitôt ces lettres reçues, je pris la poste, et au bout de trois semaines je fus à Venise. Mais, quelque diligence que j'eusse faite, j'arrivai trop tard. J'accourais pour consoler et secourir un malheureux, et je trouvai l'homme qui avait le moins besoin de mes secours et de mes consolations.

F... était au lit, et je ne pus parvenir jusqu'à lui malgré toutes mes instances. On me remit le billet suivant, écrit de sa main :

« Retournez-vous-en, mon cher O..., vous m'êtes aussi inutile qu'au prince. Mes dettes sont payées ; le cardinal n'a plus de colère, et le marquis de Civitella est guéri. Souvenez-vous de cet Arménien qui savait si bien nous tromper l'année dernière... C'est dans ses bras que vous trouverez le prince, qui a entendu sa première messe il y a cinq jours. »

J'essayai d'approcher le prince ; mais je fus repoussé ; et ce fut au pied du lit de mon ami que je reçus enfin l'explication de toute cette étrange aventure.

(Ici s'arrête l'ouvrage de Schiller. Les éditions les plus complètes de ses œuvres ne contiennent pas un mot de plus, et, à à moins que ses papiers n'aient subi, après sa mort, le même sort qu'ont éprouvé depuis ceux de lord Byron, il n'a laissé aucun manuscrit, aucune note, qui puisse aider à compléter le *Visionnaire*.

La plupart des commentateurs et des biographes du grand poëte assurent qu'il a toujours eu l'intention de terminer son ouvrage, et que sa fin prématurée l'a seule empêché d'y mettre la dernière main.

D'un autre côté, M. de Barante semble être d'avis que Schiller a laissé à dessein son travail inachevé :

« Le *Visionnaire*, dit-il [1], n'a jamais été
« fini, et il a toute l'apparence d'une
« énigme sans mot. C'était en effet la ma-
« nière la plus piquante de se jouer d'un tel

---

[1] Notice sur Schiller. — OEuvres dramatiques. — Ed. Ladvocat.

« sujet ; c'était traiter le lecteur comme les
« faiseurs de tours traitent leurs specta-
« teurs, qui veulent la surprise, et qui
« s'ennuieraient de savoir les moyens qu'on
« emploie. Cependant Schiller prétendait
« toujours qu'il avait eu l'intention de
« finir le *Visionnaire*, et il lui est arrivé
« plus d'une fois, dit-on, d'en raconter
« la fin d'une manière plausible et inté-
« ressante. »

Placé entre une majorité de suffrages si imposante et une opinion si illustre dans son isolement, nous n'avons pas osé choisir absolument entre les deux, et nous avons préféré prendre un milieu qui nous était offert par les dissidents eux-mêmes, d'accord sur ce point, essentiel pour nous : que Schiller, soit qu'il ait voulu, soit qu'il n'ait pas voulu terminer le *Visionnaire* pour le public, a souvent raconté à ses contemporains de quelle façon pouvait s'expliquer et se dénouer l'attachante action de cet ouvrage.

Nous avons pensé que, si cette tradition était vraie, et que le souvenir des confidences de Schiller sur le *Visionnaire* pût encore se retrouver en Allemagne, nous ne saurions offrir à nos lecteurs un complément plus naturel et plus satisfaisant. Parmi les nombreux amis de l'illustre poète, qui lui survivent encore, nous avons donc choisi, comme le mieux placé pour remplir notre attente, M. Andréas S...., un de ceux qui lui ont été le plus fidèles dans la mauvaise comme dans la bonne fortune, et qui, par leur dévouement aussi bien que par leurs lumières, ont mérité jusqu'à la mort du grand homme la plus noble et la plus précieuse part de sa confiance et de son estime. M. Andréas S.... a bien voulu répondre à toutes nos questions, dans le plus grand détail et avec la plus parfaite complaisance, et nous allons donner, comme conclusion du *Visionnaire*, la traduction littérale de la lettre que l'honorable correspondant nous a adressée de Stuttgard.)

COMPLÉMENT.

Stuttgard, 10 Septembre 18..

Vous me demandez, monsieur, quelle est l'opinion de l'Allemagne, et la mienne personnellement, sur *le Visionnaire;* et vos questions se réduisent à deux principales : 1° *Le Visionnaire* est-il un roman ou une histoire? 2° Comment Schiller expliquait-il à ses amis ou concevait-il pour lui-même le dénouement de cet ouvrage inachevé ?

Sur le premier point, les avis sont partagés parmi les critiques. On a soutenu, avec des raisons également puissantes, que tout est vrai dans *le Visionnaire*, et que tout y est faux. Ceux qui y voyent une histoire nomment les personnages réels qu'ils prétendent deviner sous les initiales discrètes des récits du comte d'O... Ils attribuent à plusieurs princes fort connus d'Allemagne les aventures du héros de Schiller, et il ne tiendrait qu'à moi de vous donner ici la liste de ces princes et de ces personnages. Les autres (et je crois que c'est le plus grand nombre) assurent que le prince en question n'a jamais existé, si ce n'est dans l'imagination de l'auteur du *Visionnaire;* que celui-ci a voulu tout simplement montrer, dans son livre, comme il le dit lui-même en commençant, *un exemple de la fragilité de l'esprit humain*[1], et qu'en rédigeant son ouvrage sous la forme de Mémoires d'un comte d'O..., il n'a fait qu'employer un moyen fort usité chez les romanciers, pour donner un plus grand caractère de vraisemblance aux faits de son invention.

Plusieurs enfin, prétendent que la première idée du *Visionnaire* a été inspirée au grand poëte par quelque fait réel, mais que tout le reste lui appartient en propre, et ne saurait être mis, sans injustice ou sans crédulité, sur le compte de qui que ce soit. Ainsi, suivant eux, le prince de..., celui de D..., l'Arménien, le cardinal A....i, le marquis de Civitella, le comte d'O..., le baron de F..., peuvent bien avoir une certaine analogie avec des personnages réels que Schiller aura eu sous les yeux,

---

[1] Premier volume, page 4.

et dont il aura fait son profit, comme c'était son droit, mais ils n'en sont pas moins, dans leur ensemble, des êtres imaginaires, liés à une action par le caprice de l'écrivain, ainsi que des acteurs à l'intrigue d'un pièce de théâtre.

Quant à l'action elle-même, les faits qui lui prêtent la plus grande apparence de vérité sont, pour les critiques dont je parle, les meilleures preuves qu'elle est une fiction.

Cette promesse édifiante du comte d'O... de ne publier ses Mémoires qu'après sa mort, ces protestations solennelles de son attachement et de son estime pour le prince, ces regrets de le voir s'égarer de la bonne voie, ces allusions à ses chances d'hérédité et *au crime qu'il se serait laissé persuader de commettre pour arriver au trône* [1], tout cela

---

[1] Premier volume, page 187.

leur semble démontrer une seule chose, savoir : la profonde habileté de Schiller à donner à ses plus fantastiques créations ce cachet de vie et de réalité qui en fait en même temps le charme et la valeur.

Je crois, monsieur, que ces trois opinions s'écartent plus ou moins de la vérité, mais que celle qui s'en écarte le moins est encore la première. Il y a, dans le *Visionnaire*, des faits trop graves, pour que Schiller se soit permis de les inventer ; mais, par la même raison, il n'a pu raconter ces faits de façon à ce qu'il fût possible de désigner, comme on a prétendu le faire, les personnages réels qui s'y sont trouvés mêlés et compromis. Ceux qui voient une histoire dans le *Visionnaire* n'ont donc, à mon avis, d'autre tort que d'abuser, pour appuyer leur conviction, de certains rapports de lieux, de dates et de caractères, qui, s'ils ne sont pas étrangers à l'intention de l'auteur, ne peuvent être que des piéges honorables, destinés à dépister les critiques médisantes et les applications personnelles.

En deux mots, Schiller a dû écrire le *Visionnaire* d'après quelque haute communication, mais il a eu soin de le faire de telle sorte, que ses révélations pussent profiter à tout le monde sans nuire à personne. Il a donné une leçon publique, par la révélation de faits réels et graves ; et non point une leçon particulière, par des indiscrétions et des personnalités.

Il n'en a pas moins rempli dans cet ouvrage sa double intention.

Intention morale et intention religieuse, également dignes de son génie et de son caractère.

La première est assez indiquée par l'ouvrage même ; et, ainsi que l'illustre traducteur des œuvres dramatiques de notre grand poète, vous l'avez appréciée assez justement[1] pour que je n'aie à ce sujet que des compliments à vous faire.

Quant à l'intention religieuse, qu'on pourrait aussi appeller intention historique, je vous avoue, avec autant de fierté que de franchise, que personne n'est plus à même que moi de vous la faire pleinement comprendre. Je n'ai besoin, pour cela, que de satisfaire à votre dernière demande, en vous communiquant les explications confidentielles que mon illustre ami m'a souvent données sur le dénouement incomplet et la signification inavouée du *Visionnaire*.

A côté de la critique de la cabale au dernier siècle et de l'exposé de ses conséquences funestes ou ridicules, Schiller (et c'est là le point de vue véritablement

---

[1] Voir notre préface.

historique du *Visionnaire*), a voulu placer la satire en action de la cour de Rome à la même époque, et le tableau des intrigues au moyen desquelles elle se faisait des prosélytes dans toute l'Italie.

Voici comment il expliquait et dénouait, sous ce rapport, l'histoire racontée par le comte d'O... et le baron de F...

Vous pouvez vous figurer que c'est Schiller lui-même qui vous donne la conclusion de son ouvrage.

La cour de Rome, représentée à Venise par ses légats et ses cardinaux, avait formé, du jour de l'arrivée du prince dans cette ville, le projet de lui faire abjurer la religion protestante pour la foi catholique. Cette conversion devait être d'autant plus importante, qu'à part l'influence actuelle du personnage, il avait, pour régner un jour, des chances assez éloignées sans doute, mais qu'on pourrait rapprocher au besoin par quelqu'accommodement avec le ciel.

Trois points principaux avaient donc été arrêtés, dès le commencement, par les chefs de cette haute conspiration : s'emparer de l'esprit du prince, afin de substituer à ses convictions celles qu'on jugerait à propos de lui inspirer; égarer son cœur, afin de l'amener, par la route des passions, à des extrémités fâcheuses et compromettantes; exciter son ambition, afin de lui proposer un jour l'échange de la royauté contre l'apostasie.

Pour qu'il y eut plus d'unité dans toutes les démarches qui tendraient à ce triple but, la direction du complot avait été confiée, avec des pouvoirs sans bornes, à l'homme qu'on avait jugé le plus propre à remplir cette mission délicate et terrible. Cet homme était l'Arménien. Seigneurs, prêtres, avocats, militaires, il eut tout à sa disposition dans l'inquisition, dans la noblesse, dans le clergé, dans la police, dans la diplomatie; et un poste éminent lui fut assuré pour prix de son succès.

Il commença par étudier le prince pendant quelque temps, afin de reconnaître son côté le plus faible, et la première chose qui le frappa en lui, ce fut cette passion pour l'étrange et le merveilleux, qui formait en effet le fond de son caractère.

Réglant donc ses premières démarches sur cette remarque importante, il résolut de s'emparer tout d'abord de l'esprit de *son sujet*, en lui apparaissant comme un personnage doué d'une puissance surnaturelle. Cela lui était d'autant plus facile qu'il avait un talent particulier pour la jonglerie, et que (circonstance essentielle à rappeler) les mystères cabalistiques étaient alors la préoccupation à la mode, la manie des esprits les plus sérieux et les moins crédules.

Mais, dans une entreprise où il s'agissait de procéder surtout par l'étonnement, il fallait dès l'abord frapper un grand coup. L'Arménien en imagina un pour lequel un crime était nécessaire : le crime fut commis. Des agents tout puissants, envoyés à la cour de..., se mirent en mesure de pouvoir annoncer d'avance à Venise le jour et l'heure auxquels mourrait l'héritier présomptif, dont l'existence excluait le prince du trône. Voilà comment l'Arménien put dire à ce dernier, en l'abordant pour la première fois sur la place Saint-Marc, ces paroles mystérieuses : *Félicitez-vous, c'est à neuf heures qu'il est mort!* vérifiées quelques jours après d'une façon si propre à exciter en même temps la curiosité et l'ambition de celui qui les avait entendues.

A partir de ce moment, l'Arménien fut maître de l'esprit du prince. Les intelligences qu'il se ménagea dès-lors dans son intérieur lui donnèrent les moyens de l'intriguer par ces tours de la tabatière, de la clef, et de la surprise des danseurs, qui ne précédaient pas sans raison la grande fantasmagorie de l'auberge de la Brenta. On a compris, par les découvertes du prince lui-même, que cette fantasmagorie fut exécutée à deux, et que le Sicilien n'y fut que le compère habilement sacrifié de l'Arménien. La maladresse avec laquelle le premier joua son rôle de révélateur dans la prison[1] nuisit à son maître, autant que ces prétendues révélations devaient lui servir ; et le charme étant rompu de ce côte, il fallut attendre pour agir dans un autre sens, et réparer un échec qui minait d'un seul coup toute la série des opérations cabalistiques.

[1] Il va sans dire que l'histoire fantastique, racontée par l'aventurier, n'était qu'un conte arrangé d'avance, pour agrandir, jusqu'à des dimensions merveilleuses, le personnage de l'Arménien.

Ce fût alors que l'Arménien crut devoir employer de nouveaux intermédiaires, en devenant lui-même invisible. Son action sur le prince, n'en fut pas moins puissante. Biondello, plus habile complice que le Sicilien, entra en fonctions, et sut se donner, par les histoires du procurateur et des avocats, l'importance qu'on a vue.

Le comte d'O..., surveillant importun, fut écarté par les bruits qu'on fit courir sur son compte à la cour de son souverain; et le prince fut enfin introduit dans cette société du *Bucentaure,* où son esprit et son cœur se trouvèrent attaqués en même temps par toutes les forces réunies de la conjuration. Bientôt, on commença à le brouiller avec sa cour. On épuisa ses moyens d'existence à Venise, en même temps qu'on le força d'y prolonger son séjour. Le cardinal A..i et le marquis de Civitella se chargèrent de l'enchaîner dans les liens les plus puissants et les plus indissolubles, ceux de l'argent. Cette rencontre nocturne de Civitella, ces cris : au meurtre, cette blessure, et tout ce qui s'en suivit, n'étaient qu'une farce tragique jouée par le marquis et ses gens, de concert avec Biondello. On a vu quel en fut le succès, et avec quelle rapidité Civitella multiplia ses relations intéressées avec son nouvel ami, au point de l'amener à tout ce qui pouvait le compromettre avec sa cour et l'attacher à Venise.

Cependant, le prince conservait, sous les chaînes morales dont on le garottait chaque jours, une dignité et une indépendance qui rendaient le dernier coup difficile à frapper, et qui reculaient indéfiniment le dénouement d'une intrigue dont la moindre indiscrétion pouvait trahir le fil.

Ce fut alors que l'Arménien imagina de tenter la grande épreuve de l'amour, et monta cette comédie commencée par l'apparition de la prétendue Grecque dans l'église de.... et terminée par la double catastrophe annoncée dans la dernière lettre du baron de F... au comte d'O...

C'est ici surtout que les explications sont nécessaires, et qu'il est important de se rappeller les incidents les plus mystérieux de cette étrange histoire.

On se souvient que le jour de la fantasmagorie de l'auberge de la Brenta, le prince, en demandant l'évocation de son ami le marquis de Lannoy, avait rapporté la confidence incomplète que ce dernier lui avait adressée à son lit de mort : *Dans un couvent sur les frontières de Flandre, vit......* Le fantôme, sommé d'achever cet aveu, répondit, comme on sait, que le marquis de Lannoy avait voulu parler d'une fille, non reconnue par lui...; et cette révélation avait produit d'autant plus d'effet sur le prince, qu'elle justifiait un pressentiment qu'il avait toujours eu. Aussi, bien qu'il eut été désenchanté promptement sur l'évocation de son ami, cette circonstance était demeurée profondément gravée dans sa mémoire, et il n'avait pu se défaire de l'idée qu'il trouverait un jour la fille du marquis de Lannoy.

L'Arménien partit de là pour composer le programme de la scène décisive dans laquelle il reprit tout son ascendant sur l'esprit du prince, et dont l'effet sur ce dernier fut d'autant plus puissant, que deux personnages principaux y apportèrent autant de bonne foi que lui-même.

Après avoir fait amener, dans un couvent de Venise, une jeune orpheline d'une grande beauté, qui réunissait toutes les conditions pour devenir et se croire elle-même la fille du marquis de Lannoy, l'Arménien commença par s'assurer de l'effet que sa vue produirait sur le prince. Il fit exécuter son portrait par un peintre habile, arrivé récemment de Florence à Venise, et il arrangea les choses de façon à ce que ce portrait fut mis, comme par hasard, sous les yeux du prince. C'était la madone dont le baron de F... a parlé au comte d'O..., et on a vu l'admiration exclusive que cette figure excita chez celui à qui elle était soumise. Il n'en fallait pas davantage à l'Arménien. Le portrait disparut par ses soins, comme il avait paru; et le prince resta avec l'image ravissante qu'il avait dans l'âme, jusqu'au jour où l'on jugea à propos de lui en montrer la réalisation vivante, dans l'église de...., sous le point de vue admirable, et au milieu des circonstances solennelles, si bien décrites par le prince lui-même dans sa confidence au baron de F...

Persuadée qu'un puissant personnage, avec lequel on la mettrait en rapport en temps opportun, deviendrait pour elle le représentant de son père, l'orpheline écouta la voix de ceux qui la guidaient, comme la voix de Dieu même, et fit, sans en chercher l'explication, toutes les démarches qu'on lui commanda. Biondello, le sous-meneur de cette affaire, feignit, pendant deux semaines, de ne pouvoir retrouver l'inconnue de son maître, afin d'exciter au plus haut degré l'impatience et la passion de celui-ci. Civitella profita de l'intervalle pour achever sa ruine par le jeu; et enfin, on amena cette rencontre dans la gondole, qui réunit le prince et la jeune fille.

Alors commencèrent les secrètes et fréquentes visites racontées par le baron de F...., et pendant lesquelles des papiers fabriqués par l'Arménien démontrèrent au prince que la Providence lui avait fait retrouver la fille de son ami! Il l'aima à un titre de plus, et sa passion l'emportait jusqu'à rêver pour elle un partage impossible de la haute destinée qui l'attendait lui-même, quand, tout-à-coup, rêve et réalité lui furent enlevés en même temps par une fatalité inattendue.

On n'a pas oublié cette aventure, racontée par Civitella, d'une femme qui lui était apparue dans le jardin de cette maison abandonnée, où il avait passé quelques semaines d'exil : cette femme était la même que l'inconnue du prince. L'homme que Civitella avait vu avec elle, n'était autre que l'Arménien, ainsi que l'avait observé étourdiment le chambellan Z..., en entendant le récit du marquis. Mais Civitella (comme son étonnement à cette observation le prouvait péremptoirement) ne connaissait point encore l'Arménien, quoiqu'il fût mêlé à la conspiration dont il était le chef invisible.

Quant au jardin dont parlait le marquis, il touchait au couvent où la future fille de Lannoy avait été placée par l'Arménien, et voilà comment il était le lieu du rendez-vous que celui-ci avait assigné à l'orpheline, pour lui remettre les prétendus titres de sa naissance. La lettre en chiffres que Civitella avait trouvée sur le sable était un de ces papiers; mais, aucun nom n'y étant consigné, le marquis n'y avait vu qu'un intéressant mystère, qui avait seulement augmenté son impatience de revoir la belle inconnue dont il s'était épris. Malheureusement, elle n'avait point reparu, et l'attente de Civitella avait été vaine.

Pendant les deux semaines suivantes, les scrupules du prince ayant tenu le marquis étranger, comme on l'a vu, à l'aventure de la dame de l'église, il avait été longtemps sans avoir l'occasion de retrouver en elle son inconnue du jardin désert. Enfin, cette occasion se présenta, lorsque le prince était déjà en rapports suivis avec son amante. On conçoit quelle mystification fut pour Civitella une semblable découverte. Il sut toutefois dissimuler son trouble et son chagrin; mais, sa passion pour la jeune fille grandissant à la fois de toute l'admiration et de toute la jalousie que lui inspirait sa vue, il résolut bientôt de l'enlever au prince, n'importe par quel moyen.

C'est alors que l'Arménien s'aperçut de cette rivalité dangereuse. Il sentit que Civitella était capable de révéler au prince l'intrigue dont il était dupe, afin de le détacher de son amante, et il prévint ce malheur par un expédient de sa façon : il empoisonna secrètement l'orpheline. Mais, loin de sacrifier, dans ce brusque dénouement, les fruits de sa combinaison, il en fonda le succès définitif sur la circonstance qui semblait la faire avorter pour jamais, et il couronna son œuvre en se surpassant lui-même. Dominant encore sa victime, au moment où il lui préparait une mort affrensé, dont elle n'accusait que la rigueur du destin, il lui persuada qu'une dernière et haute mission lui restait à remplir sur la terre avant de monter au ciel.

Cette mission, c'était de convertir le prince à la foi catholique.

— Voila, disait-il, le tribut suprême de reconnaissance que la fille du marquis de Lannoy doit à la Providence et à l'ancien ami de son père.

En un mot, il sut si bien exalter la pieuse orpheline, qu'elle crut devoir à Dieu, pour son titre à la félicité éternelle, l'abjuration de son protecteur et de son auguste amant.

Alors eut lieu la scène déchirante et sublime à laquelle le baron de F.... fait allusion dans sa dernière lettre. La mourante, s'adressant au prince, avec la double autorité d'une amante et d'une inspirée, le somma, au nom de son père, au nom de leur amour, au nom de Dieu, de lui donner une preuve suprême de sa tendresse, en abjurant, à son lit d'agonie, la religion fausse où il avait vécu jusqu'alors, pour la religion sainte et véritable où elle allait mourir. Le prince résista, comme dit le baron de F..., avec une force surhumaine ; mais il gardait de cette scène une émotion qui rendait sa défaite aussi facile que son triomphe avait été cruel, lorsqu'un dernier incident vint enfin le compromettre et le perdre irrévocablement.

Pendant la nuit qu'il voulut passer seul, avec le cadavre de son amante, après avoir reçu son dernier soupir, il remarqua, sur le corps glacé qu'il contemplait toujours avec adoration, des traces livides et bleuâtres qui lui firent passer par le cœur un pressentiment de l'horrible vérité. Aussitôt, il commande l'autopsie de la morte, et le poison est découvert. Dans son délire, ses soupçons tombent sur Civitella; il court le provoquer, se bat avec lui, sans observer seulement les formalités du duel, et laisse sur le terrain son adversaire atteint de la blessure la plus dangereuse. L'Arménien n'a pas plutôt appris cette aventure, qu'il y voit avec joie l'occasion de consommer son ouvrage. Il fait poursuivre le prince, comme débiteur, par tous ses créanciers, comme assassin, par les sbires de la police, et il lui propose en même temps l'abjuration, pour unique moyen de salut..

Le prince, sans défense, sans asile, sans ressource, abandonné de sa cour, de sa sœur et de ses amis, à la merci de l'inquisition et du Conseil des Dix, comprend qu'il est perdu, s'il résiste un seul jour... et se décide enfin à abjurer dans les bras de l'Arménien triomphant.

C'est alors que le comte d'O... arrive à Venise, apprend qu'il n'a plus rien à faire auprès de son auguste ami, et reçoit du baron de F.... les explications qu'on vient de lire.

Deux mois après, le prince était roi.....

Voilà, monsieur, comment Schiller aurait, quant aux faits, terminé le *Visionnaire*, s'il en eut jamais donné le dernier mot au public. On conçoit qu'il n'ait pu s'y résoudre, quand on songe qu'il est l'auteur de la tragédie de *Marie Stuart*[1], et qu'il fut toujours, s'il est permis de le dire, le protestant le plus catholique de l'Allemagne!

Puisse l'ombre douce et sacrée de mon illustre ami, ne me reprocher jamais l'indiscrétion que j'ai commise en votre faveur, pour compléter un monument de son génie, laissé inachevé, aux dépens de sa gloire, par sa modeste et scrupuleuse vertu!

Agréez, etc.

Andréas S.........

---

[1] La pièce la plus catholique qui soit au théâtre.

Comme nous l'avions promis et comme nous le devions à nos lecteurs, nous avons reproduit, dans son intégrité, la lettre de notre honorable correspondant. Libre à chacun d'y voir l'opinion d'un protestant sur une œuvre protestante. Nous avons fait notre devoir de traducteur, sans assumer, sur notre conscience de catholique une responsabilité que M. Andréas S...... a l'équité de garder toute entière.

P. C.

LES
AMOURS GÉNÉREUX.

.

I.[1]

Les spectacles et les romans ne nous peignent habituellement que ce qu'il y a

[1] Indépendamment des utiles conseils et des secours efficaces que M. Frédéric Bliedberg nous a donnés pour notre travail sur *le Visionnaire*, il a été spécialement notre collaborateur dans la traduction des *Amours généreux*, ainsi que dans celle des trois Nouvelles qui vont suivre.

(*Nota du traducteur.*)

de brillant dans l'humanité. Notre imagination s'enflamme à ces tableaux, mais notre cœur y demeure froid ; ou, du moins, si quelque feu l'anime, ce feu ne dure que peu d'instants et s'éteint aussitôt que nous rentrons dans la vie pratique. Quelquefois, par exemple, au moment où nous sommes touchés jusqu'aux larmes par la lecture ou la représentation d'un malheur imaginaire, il nous arrive de rejeter brusquement le mendiant qui nous supplie.

Qui sait même si cette sensibilité factice, mise en jeu dans le monde idéal des romans et des théâtres, ne nuit pas d'autant à notre sensibilité naturelle dans la réalité de la vie.

L'histoire suivante a un mérite qui me rend fier de la raconter ; elle est vraie.

J'espère donc que mes lecteurs en retireront plus de fruit que des romans de *Grandisson* et de *Pamela*.

II.

Deux frères, les barons de Wrmb...., s'étaient en même temps pris d'amour pour une même et charmante demoiselle de Wrthr...., sans qu'aucun des deux soupçonnât l'inclination de l'autre.

Tous deux aimaient d'un amour tendre

et durable, parceque tous deux aimaient pour la première fois.

La personne était belle et douée d'une grande sensibilité.

Les deux frères laissèrent croître jusqu'à la passion un sentiment qui faisait leur joie, ignorant le danger où ils couraient de se trouver à la fois frères et rivaux. Chacun d'eux voulut épargner à son amante un aveu prématuré, et ils se trompèrent ainsi mutuellement sans le savoir, jusqu'au moment où une circonstance inattendue découvrit le double mystère de leur amour commun.

Mais, quand ce moment arriva, il était trop tard; chez l'un et l'autre la passion avait atteint son plus haut degré, et le cœur tout entier se trouvait pris, de façon à rendre le moindre sacrifice à peu près impossible.

Également sensible à la situation de ces

deux infortunés, la jeune fille n'osa se déclarer exclusivement ni pour l'un ni pour l'autre, et soumit son choix au jugement de l'amitié fraternelle.

Dans ce combat du sentiment et du devoir, si facile à terminer pour le philosophe, si difficile pour l'homme du monde, l'aîné fut vainqueur le premier, et parla ainsi à son jeune frère :

— Je sais que tu aimes *** aussi ardemment que moi; je ne veux user en cette occasion du droit d'aînesse que pour être le plus courageux. Reste ici pendant que je vais courir le monde et tâcher d'oublier***; si j'y parviens, elle t'appartiendra, et je prierai le ciel de bénir votre union. Sinon, tu essaieras ce que j'aurai tenté; tu partiras à ton tour.

Ce traité conclu, il quitta l'Allemagne et alla voyager en Hollande; mais il eut beau fuir ses amours, leur image le suivit partout. Loin du ciel qui éclairait son adorée, loin du petit coin de terre qui renfermait son existence, il tomba malade, comme la plante asiatique, arrachée par le cruel Européen au sein de la mère-patrie, languit sous un soleil moins chaud, et étouffe dans une terre infertile.

Il s'éloigna encore et se rendit jusqu'à Amsterdam. Mais là, une fièvre cérébale s'empara de lui et mit sa vie en péril.

Le fantôme chéri qui le poursuivait occupait jour et nuit ses rêves et son délire. Il ne pouvait guérir qu'en revoyant ***. Les médecins comprirent son mal, et l'arrachèrent à la mort en promettant de lui rendre celle qui était sa vie.

Le baron arrive dans sa petite ville, semblable à un squelette vivant, véritable personnification des ravages que peut faire un chagrin sur un homme. Il monte, avec les palpitations et le vertige de l'ivresse, l'escalier qui conduit chez la bien-aimée, et trouve son frère auprès d'elle.

— Frère, dit-il, le sacrifice que j'avais exigé de mon cœur, Dieu seul sait ce qu'il m'a coûté... mais il est au-dessus de mes forces....

En parlant ainsi, il tombe évanoui dans les bras de la jeune fille....

III.

Le tour du jeune frère était venu. Non moins résolu que son aîné, il s'apprête à partir, et au bout de quelques semaines, il vient, en costume de voyage, faire ses adieux au baron.

— Tu as porté, lui dit-il, ta douleur jusqu'en Hollande; je vais essayer de porter la mienne plus loin. Remplis seulement la seule condition que nous nous sommes imposée : ne mène point *** à l'autel avant que je t'écrive de le faire. Si je suis plus fort que toi, qu'elle soit ta femme devant Dieu, et qu'il bénisse vos amours. Si je ne puis me vaincre.... alors, que le ciel lui-même nous juge et prononce entre nous. Adieu. Voici un paquet cacheté; ne l'ouvre qu'après mon départ. Je vais à Batavia; adieu, frère!

Et il monta en voiture.

Ceux qui restaient le suivirent longtemps des yeux; il avait surpassé son frère en générosité; aussi ce dernier ne savait-il s'il devait se livrer davantage aux espérances de son amour ou aux regrets d'une si cruelle séparation.

Le bruit que firent les roues de la voiture, en s'éloignant, retentit comme un coup de tonnerre dans le cœur du frère et dans celui de la jeune fille, et celle-ci... mais attendons le dénouement.

Le paquet cacheté fut ouvert immédiatement. Il contenait une donation parfaitement en règle des biens du jeune frère à son aîné, dans le cas où il réussirait à Batavia....

Le vainqueur de lui-même arriva heusement dans cette ville, sur un convoi de navires Hollandais; et, au bout de quelques semaines, il envoya à son frère la lettre suivante :

« Dans ce nouveau pays, je pense à toi
» et à nos amours, avec la sainte joie d'un
» martyr. Des scènes nouvelles et des des-
» tins nouveaux ont agrandi mon âme; et
» Dieu m'a donné la force de te faire le
» plus grand sacrifice dont un homme soit
» capable.... *Elle* est..... (une larme m'é-
» chappe; ce sera la dernière) *Elle* est.... à

» toi! J'ai vaincu, mon frère! Je ne devais
» pas la posséder; je me console en me di-
» sant qu'elle n'aurait pas été heureuse avec
» moi... Si jamais l'idée lui venait qu'elle
» aurait pu l'être.... Oh! mon frère! mon
» frère!... Je te laisse ce fardeau sur la
» conscience.... N'oublie pas à quel prix
» tu as obtenu sa main. Sois toujours pour
» cet ange l'amant qu'elle va d'abord trou-
» ver en toi. Regarde-la comme le legs
» sacré d'un frère que tu n'embrasseras
» plus jamais. Adieu. Ne m'écris pas le
» jour de ton mariage; car ma blessure
» saigne encore; écris-moi seulement com-
» bien tu es heureux. Quant à moi, j'espère
» que Dieu, qui lit dans mon âme, ne
» me retirera pas son secours sur la terre
» étrangère. »

L'aîné des barons de Wrmb.... épousa***;
mais leur union, qui semblait la plus heureuse du monde, ne dura qu'une année,

au bout de laquelle mourut la jeune femme. Ce ne fut qu'en mourant qu'elle révéla à une amie intime le douloureux secret de son cœur : celui des deux frères qu'elle aimait était l'exilé de Batavia!...

Les deux barons de Wrmb..... vivent encore ; l'aîné s'est remarié et habite ses terres en Allemagne ; l'autre demeure toujours à Batavia, où la prospérité de ses affaires l'a rendu l'homme le plus heureux et le plus brillant de la colonie.

Du reste, il a fidèlement tenu le vœu qu'il avait fait de ne jamais se marier.

LE CRIMINEL

PAR HONNEUR PERDU.

I.

Dans toute l'histoire de l'homme, rien n'est plus propre à former son esprit et son cœur, que le récit de ses égarements. A chaque grand crime une force proportionnelle est en mouvement. Quand le jeu mystérieux des passions demeure caché dans le cours habituel de la vie, il n'en devient que plus éclatant et plus irrésistible au moment des tentations violentes. En se plaçant dans cette sphère d'observations, le philosophe, qui sait jusqu'où peut aller le mécanisme de la liberté humaine et où doivent s'arrêter les conclusions par analogie, acquerra une expérience précieuse sur la phychologie en général, et en particulier sur la morale de la vie ordinaire.

C'est une chose à la fois si simple et si composée, que le cœur de l'homme! Le même désir peut prendre mille formes et mille directions diverses, produire mille phénomènes contradictoires, et dominer mille natures différentes; mille faits et mille caractères opposés peuvent découler de la même inclination, sans que l'unité de la cause se fasse sentir sous la multiplicité des effets.

Si, comme pour les trois règnes de la nature, il se présentait un Linnée qui établit la classification des hommes suivant leurs instincts et leurs penchants, combien ne s'étonnerait-on point de voir mettre sur la même ligne que l'infâme Borgia, des individus dont les vices sont étouffés dans la sphère étroite de la vie sociale, et dans les limites sévères de la loi!

En examinant l'histoire sous ce rapport, il y a beaucoup à redire à la manière dont elle a été traitée jusqu'ici. Voilà, je présume, où en gît la difficulté, et pourquoi l'étude en est infructueuse, à l'endroit des mœurs domestiques et de l'existence bourgeoise. Entre la vive émotion du personnage qu'on met en scène et la parfaite tranquillité du lecteur à qui on le présente, il règne toujours une distance qui rend impossibles, de l'un à l'autre, les moindres rapports et la moindre application. De cette façon, le récit d'un crime, au lieu de nous inspirer un salutaire effroi, au milieu de la santé morale dont nous sommes fiers, n'obtient de nous qu'un hochement de tête plein de surprise et d'incrédulité. Nous oublions que le coupable était un homme comme nous, en commettant sa faute comme en l'expiant, et nous ne voyons en lui qu'un être d'une espèce étrangère à la nôtre, dont le sang circule autrement que notre sang, dont la volonté suit d'autres règles que notre volonté. Son sort ne nous touche point réellement, car il faudrait pour cela qu'il nous inspirât le sentiment confus d'un péril commun; et nous sommes loin de rien imaginer de semblable. L'instruction se perd ainsi avec la relation; et l'histoire, au lieu d'être l'enseignement de l'expérience, se réduit à la triste mission d'alimenter notre curiosité.

Si nous voulons que l'histoire soit pour nous quelque chose de plus qu'un amusement, et qu'elle atteigne son véritable but, nous devons, pour l'écrire, choisir entre deux méthodes : ou élever le lecteur à la température du personnage, ou abaisser le personnage à la température du lecteur.

Je sais que les meilleurs écrivains, anciens et modernes, ont préféré la première de ces deux méthodes, et ont surtout visé à entraîner le lecteur par leur manière de présenter les faits. Mais c'est là une usurpation commise par l'auteur sur l'historien. C'est encore une atteinte à la liberté du lecteur, auquel il appartient de juger sans influence étrangère. Enfin, c'est une transgression de la démarcation des genres, un empiétement sur les droits des poëtes et des orateurs.

La seconde méthode est donc, à mon avis, celle qui convient essentiellement à l'historien.

Pour abaisser le personnage à la température du lecteur, il faut le faire connaître avant de le faire agir, expliquer ses actions en les racontant; car ses pensées ne sont pas moins précieuses à savoir que ses actes, et les sources des premières sont plus importantes à découvrir que les conséquences des seconds.

On a pénétré dans les entrailles du Vésuve, afin de connaître l'origine de ses feux; pourquoi donner à un phénomène moral moins d'attention qu'à un phénomène physique? Pourquoi ne pas étudier les circonstances qui entourent l'homme dans ses fautes, et les phases que traverse son âme, jusqu'au jour où les passions qu'elle couve, comme le volcan son feu, arrivent à s'enflammer et à faire éruption?

L'esprit rêveur qui se plaît au merveilleux n'en saurait trouver nulle part plus que dans l'observation d'un pareil phénomène, et l'ami de la vérité qui cherche une explication aux faits dont il est frappé, comme une mère à des enfants perdus, trouverait la solution de bien des problèmes dans cet examen de la nature immuable de l'homme au milieu des conditions changeantes que lui fait le destin. Il comprendrait comment la ciguë vénéneuse peut croître sur la même couche de terre où ne fleurissaient que des plantes utiles, et comment se développent, dans le même berceau, la sagesse et la folie, le vice et la vertu.

Et quand même la morale ne retirerait pas d'une telle méthode, appliquée à l'histoire, les avantages que je viens de citer, cette méthode mériterait encore la préférence pour une raison plus puissante que toute autre. Elle désarmerait la vertu la plus fière d'être encore debout, de ce regard plein de cruel dédain et de sécurité présomptueuse, qu'elle abaisse à peine sur la vertu tombée; et elle répandrait ce doux esprit de tolérance sans lequel il n'y a point de retour pour celui qui s'égare, point de reconciliation pour l'offenseur de la loi, point de guérison pour le membre malade.

L'homme dont je vais raconter l'histoire, avait-il encore le droit d'en appeller à cet esprit de tolérance, ou était-il irrévocablement perdu pour la société? Je ne veux point anticiper sur le jugement du lecteur. Notre indulgence d'ailleurs serait désormais inutile ici bas à l'infortuné, puisqu'il est mort de la main du bourreau. Mais son autopsie morale donnera d'utiles leçons à l'humanité, peut-être même à la justice.

II.

Christ Wolf était fils d'un hôtellier, établi dans une petite ville dont nous tairons le nom pour des motifs qui seront compris plus tard. Après la mort de son père, il aida sa mère dans la surveillance et le soin de l'hôtel, jusqu'à l'âge de vingt ans. Cet hôtel était peu fréquenté, et Wolf avait beaucoup de loisir.

Dès son enfance, au temps où il n'était encore qu'écolier, il s'était fait remarquer par sa pétulance; et, depuis cette époque, les jeunes filles n'avaient cessé de se plaindre de son effronterie, comme les jeunes garçons de rendre justice à son esprit ingénieux. Quant au physique, la nature l'avait fort mal partagé. Une petite figure, à peine dessinée, des cheveux crépus, d'une couleur désagréable, un nez plat, une lèvre supérieure enflée et déformée à la suite d'un coup de pied de cheval; tout cela le rendait si odieux à voir, que les femmes fuyaient à son approche, et que ses camarades le tournaient en dérision.

Malgré tout ce qu'il avait de déplaisant, il voulut plaire, et il résolut d'obtenir par la persévérance ce qu'on lui refusait au premier abord. Il n'était que sensuel et il s'imagina qu'il aimait. La jeune fille qu'il choisit pour lui adresser ses vœux, ne manqua pas de les rejeter avec mépris, et le malmèna toutes les fois qu'il revint à la charge. Elle était pauvre, et Wolf avait toute raison de craindre qu'un rival ne fut plus heureux que lui auprès d'elle.

— Son cœur fermé à mes protestations, pensa-t-il, s'ouvrirait peut-être à mes présents.

Mais le moyen d'en faire? La vanité qu'il avait pour lui-même, et les efforts qu'il se croyait obligé de faire pour parer sa laideur, emportaient le peu de bénéfices qu'il pouvait faire sur sa misérable hôtellerie. Trop ignorant et trop paresseux pour remédier, par quelque spéculation, au triste état de ses affaires, trop fier et trop efféminé pour servir chez un maître, ou travailler avec les paysans, après avoir été *un monsieur*, il ne vit qu'un moyen de s'enrichir : celui de voler honnêtement. Des milliers l'avaient employé avant lui, comme des milliers l'ont employé après, mais avec plus de chance.

Il y avait, tout près de *** une forêt magnifique. Wolf alla y braconner, et le produit de son butin passa fidèlement dans les mains de ses amours, devenus un peu moins farouches.

Toutefois, Wolf n'était pas seul amoureux de Jeanne (c'était le nom de sa belle). Elle était aussi courtisée par Robert, garde-chasse du prince. Ce dernier ne tarda pas à s'apercevoir des avantages que Wolf se donnait, par ses générosités, vis-à-vis de Jeanne. Dès ce moment là, ces générosités lui devinrent suspectes, et la jalousie lui prêta de la perspicacité pour en découvrir la source. Il fréquenta plus assidûment le *Soleil* (l'enseigne de l'hôtellerie de Wolf lui avait mérité ce nom), et son œil vigilant eût promptement avisé l'expédient de son rival pour augmenter son pécule.

Il n'y avait pas longtemps qu'un édit sévère, lancé contre les braconniers, avait menacé de la prison ceux qui seraient pris sur le fait.

Cette considération rendit Robert infatigable dans ses démarches secrètes contre son ennemi. Il l'épia, le suivit dans tous ses détours, et finit par le saisir un jour en flagrant délit.

Wolf fût arrêté, et tout ce qu'il possédait suffit justement pour l'exempter de la prison et payer l'amende en laquelle fut commuée sa peine.

Robert triompha. Son rival était vaincu, et les faveurs de Jeanne perdues pour le pauvre diable. De son côté, Wolf reconnut parfaitement l'auteur de sa disgrâce dans l'heureux courtisan de sa maîtresse. A son amour-propre froissé dans ce qu'il avait de plus vif, se joignit le sentiment amer de sa pauvreté et de son oppression. Tourmenté en même temps par la faim et l'envie, l'une le pousse à quitter le pays où il ne peut plus vivre, l'autre l'y retient pour se venger....

Il se rend, une seconde fois, coupable de braconnage, mais la vigilance de Robert le fait encore surprendre et arrêter. N'ayant rien à donner, cette fois, pour conjurer la justice, il en subit toute la rigueur, et se voit condamné à passer un an dans la maison correctionnelle de la résidence.

Ce temps expiré, il se trouve plus misérable et plus mal disposé qu'auparavant. Néanmoins, sa première pensée, en se sentant libre, est encore pour Jeanne, et il se hâte de regagner son pays pour se montrer à elle. Il paraît ; on le fuit. Alors son orgueil et sa paresse cèdent aux aiguillons du besoin. Il se décide à servir comme journalier et s'offre en cette qualité aux riches cultivateurs du pays; mais en comparant sa faiblesse à la solide complexion de leurs serviteurs, les maîtres haussent les épaules avec dédain et rejettent sans pitié ses propositions. Wolf tente un dernier effort pour rentrer dans la vertu. Un emploi est vacant, le dernier qu'accepte un honnête homme : celui de gardeur de pourceaux. Il le sollicite, et il est encore refusé. Les paysans ne veulent pas confier leurs pourceaux à un vaurien !

Repoussé ainsi de toutes parts, mis à la porte par tout le monde, que pouvait faire Wolf? Il braconna pour la troisième fois, et, pour la troisième fois, il tomba entre les mains de son inexorable rival. Cette double récidive ôta à ses juges toute indulgence. Oubliant les circonstances et le désespoir qui avaient rejeté le malheureux dans le crime, et considérant seulement que la loi contre les braconniers réclamait une satisfaction exemplaire et solennelle, ils le condamnèrent à trois ans de travaux forcés et à la flétrissure.

Ce temps de peine s'écoula pour Wolf comme ceux qui l'avaient précédé. Mais, quand il sortit du bagne, ce n'était plus le même homme. Ici commence une nouvelle époque de sa vie, qu'on peut l'entendre raconter lui-même dans la confession qu'il a faite au prêtre et aux juges, et que nous allons reproduire textuellement.

III.

—J'entrai coupable au bagne; j'en sortis scélérat. Enfermé avec vingt misérables, dont deux étaient assassins, et les autres voleurs et brigands reconnus, quand je parlai de Dieu, on me répondit par des blasphèmes et des railleries. On me chanta des chansons infâmes que je ne pouvais écouter sans horreur, et les choses que je vis surpassèrent encore celles que j'entendais. Bref, il ne s'écoula pas un jour où les sentiments d'honneur qui me restaient ne fussent attaqués par tout ce qui frappait mes yeux et mes oreilles. Je m'efforçai en vain de me tenir à l'écart des prisonniers; il me fallait la société d'une créature quelconque, et le geolier avait eu la barbarie de m'enlever mon chien.

Quant au travail, il était dur et imposé avec tyrannie; de sorte que mon corps fut bientôt dans un aussi triste état que mon esprit et mon cœur. J'avais besoin d'appui, et, pour parler plus juste, de compassion. Il fallut l'acheter de mes camarades avec les derniers restes de mon honneur De cette manière, je me formai à l'infamie, et je fis de tels progrès, qu'au bout de quelques mois j'eus surpassé mes maîtres.

Dès ce moment, j'attendis impatiemment le jour où je pourrais retrouver ma liberté et voir commencer ma vengeance. J'en voulais à tous les hommes, me trouvant aussi offensé par ceux qui étaient meilleurs que moi que par ceux qui m'avaient nui. Je me regardais comme un martyr des droits naturels, comme une victime sacrifiée aux lois.

Je secouais mes chaînes en grinçant des dents, quand je voyais le soleil se lever derrière la montagne voisine de la prison, le vent agiter l'herbe sauvage aux lucarnes de la tour, et les oiseaux s'attacher à la grille de ma fenêtre. Il me semblait que leur liberté narguait mon esclavage et en doublait les souffrances. Alors, je jurais, dans ma rage, une haine éternelle à toutes les créatures. Serment que j'ai fidèlement tenu!

Aussitôt que je me vis libre, ma première pensée fût de courir vers ma ville natale. Autant j'avais peu d'espoir d'y satisfaire la faim de mon corps, autant je comptais y assouvir celle de ma vengeance. A cette idée, mon cœur battait dans ma poitrine avec plus de violence que le marteau d'airain qui retentissait dans le clocher de mon église, dont je reconnaissais la flèche au-dessus de la forêt. Cet aspect, loin de me causer la joie que j'avais éprouvée à mon premier retour dans mon pays, n'excitait en moi que le souvenir des persécutions que j'y avais essuyées de la part de tout le monde, et réveillait les moindres ressentiments qui avaient pu s'endormir dans mon âme. Toutes mes cicatrices se r'ouvraient, et toutes mes blessures se remettaient à saigner.

Je doublai le pas, jouissant d'avance de la peur que ferait à mes ennemis ma subite apparition, et aussi désireux désormais de la flétrissure et des mépris publics que je les avais redoutés autrefois.

IV.

Les vêpres sonnaient, lorsque je me trouvai au milieu de la place du marché. La foule se pressait à la porte de l'église. On me reconnut aussitôt, et tous ceux que je rencontrai reculèrent avec effroi.

J'avais toujours aimé les enfants, et je me sentais plus que jamais attiré vers eux, comme vers les seuls de mes semblables pour qui je pusse être encore un homme. J'allai donc à un petit garçon qui passait auprès de moi en sautillant, et je lui donnai une pièce de monnaie. Il se tourna vers moi, me regarda fixement pendant une minute, et me jeta mon présent à la figure, en s'enfuyant avec horreur et dégoût.

Si mon sang eût circulé tranquillement dans mes veines, je me serais dit que ma barbe, démesurément accrue en prison, avait pu épouvanter l'enfant; mais la haine et la vengeance me rendaient impossible tout exercice de ma raison. Je baissai donc la tête; et des larmes, telles que je n'en avais jamais versées, vinrent inonder mon visage.

— Cet enfant, me disais-je tout bas, ne sait qui je suis, ni d'où je viens, et cependant il me fuit comme une bête féroce.

Suis-je donc marqué au front; où ne ressemblè-je plus aux hommes, depuis qu'il m'est impossible de les aimer?

Le mépris de cet enfant me faisait plus souffrir que trois ans de galères. L'idée qui me poignardait le plus cruellement, c'est que je venais de lui faire du bien, et que je ne pouvais lui supposer une haine personnelle à mon égard.

J'allai m'asseoir dans un chantier, en face de l'église. Quelle était mon intention, je ne saurais le dire. Tout ce que je me rappelle, c'est que je voulais me montrer la tête haute à mes anciennes connaissances, dont pas une ne daignait me saluer. Mon orgueil ne put lutter long-temps contre de tels mépris. Je me retirais ulcéré profondément, et j'allais chercher un logement dans la ville, lorsqu'au détour d'une rue je me trouvai face-à-face avec Jeanne.

—Sonnenwirth (*L'hôtellier du Soleil*)!

s'écria-t-elle, et elle fit un mouvement pour m'embrasser.

— Te voilà donc de retour, reprit-elle, cher Sonnenwirth? Que Dieu en soit loué !

Je la considérai des pieds à la tête ; l'indigence et la misère se trahissaient dans ses vêtements ; son visage portait les traces d'une maladie honteuse, et l'effronterie de son regard annonçait son infâme métier. Je m'expliquai facilement sa dégradation, ayant rencontré quelques dragons d'un régiment caserné dans la ville.

— Fille perdue! [1] m'écriai-je.

Et je lui tournai le dos, avec un éclat de rire.

Je ne l'avais jamais aimée véritablement, et j'éprouvais alors une certaine satisfaction de trouver, dans l'échelle des êtres, une créature au-dessous de moi.

---

[1] Le mot allemand ne pourrait se traduire en français que par une expression qui ne s'imprime pas.

Ma mère était morte pendant ma réclusion, et mes créanciers s'étaient payés sur la vente de ma petite hôtellerie. Je n'avais plus sous le soleil un sou, ni un ami, et chacun me fuyait comme un pestiféré. Mais j'avais appris à n'avoir plus de honte. Autrefois, j'évitais les regards des hommes, ne pouvant supporter leur mépris ; maintenant, je me montrais à tout le monde avec effronterie, et je me faisais un plaisir de voir chacun reculer à mon approche. J'étais fier de n'avoir plus rien à perdre, ni à garder ; je me disais qu'il eut été stupide d'avoir encore quelque vertu dont personne ne m'eût fait honneur.

Cependant le monde entier m'était ouvert ; et, dans un autre pays, j'aurais pu passer pour honnête homme. Mais je n'avais plus même le désir de le paraître. Tel était l'abîme où m'avaient poussé le désespoir et l'opprobre, que, ne pouvant plus prétendre à l'honneur, je ne me connaissais pas d'autre ressource que de m'en passer, et qu'il me manquait seulement un peu de vanité pour arriver au suicide.

En attendant, je ne sais trop si quelque résolution dominait mon esprit. Tout ce que je me rappelle vaguement, c'est que je voulais faire le mal, et mériter enfin un sort que je trouvais injuste. Je me disais que les lois n'étaient plus bienfaisantes que pour les autres, et je cherchais l'occasion de les violer, non plus, comme autrefois, par nécessité ou irréflexion, mais par calcul et pour le plaisir de le faire.

La chasse étant depuis longtemps une de mes passions, je me remis à braconner. C'était d'ailleurs ma seule ressource pour vivre. Et néanmoins, la pensée qui me poussait au braconnage, était moins celle de soutenir mon existence, que celle de braver l'édit de chasse et de faire le plus possible enrager les magistrats chargés de le maintenir.

Je m'inquiétais peu d'être arrêté, ayant toujours une balle prête pour quiconque me surprendrait, et convaincu que cette balle ne manquerait point son but. Je tuais donc tout le gibier que je rencontrais, pour la seule jouissance de le tuer ; je n'en allais vendre qu'une partie aux marchés voisins : je laissais se gâter le reste, et je n'avais d'autre souci que de me procurer de la poudre et du plomb.

Les dévastations que je commettais partout se répandirent bientôt, mais on ne s'occupait plus de moi. Ma présence ou mon absence n'importaient à personne, et mon nom même tombait dans l'oubli.

V.

Je menai cette vie pendant plusieurs mois.

Un matin, j'avais, comme de coutume, traversé la forêt, et couru un cerf, deux heures durant. Las et découragé, j'allais cesser ma poursuite, quand tout-à-coup j'aperçois la bête à la portée de mon fusil. Je la couche aussitôt en joue, et me prépare à lâcher la détente; mais l'apparition subite d'un chapeau, à quelques pas de moi, arrête ma main. J'observe attentivement et rapidement ce que cela peut être, et je reconnais le chasseur Robert. Caché derrière un chêne, il visait le même gibier que moi.

A cette vue, un froid glacial me parcourt les os. J'avais là, devant moi, sous ma main, à la portée de ma balle, celui de tous les êtres vivants que j'exécrais le plus sur la terre. Il me semblait qu'en le tenant ainsi sous mon fusil, j'avais le monde entier sous ma domination; et que tous les mouvements de haine que j'avais sentis dans ma vie, se concentraient dans l'extrémité du doigt qui allait lâcher le coup mortel. Une main invisible me poussait; et l'aiguille du temps s'avançait, irrévocable, vers la noire minute qui allait sonner au timbre de ma destinée. Quand je donnai à mon arme la direction homicide, mon bras se prit à trembler, mes dents claquèrent, comme dans un violent accès de fièvre, et ma respiration se ralentit dans ma poitrine, comme si j'allais étouffer. Une seconde se passe... mon œil, abaissé pour viser le coup, hésite entre l'homme et le cerf... encore une seconde, puis une autre... ma vengeance et ma conscience se livrent un combat suprême... Enfin, la première a vaincu, et le chasseur est tombé sans vie !.....

Mon fusil m'échappe avec le coup. — Assassin ! murmurè-je tout bas. Au milieu du calme qui régnait dans le bois, aussi profond que dans un cimetière, je m'entends moi-même distinctement prononcer le mot : assassin ! Je me glisse auprès de Robert, et j'arrive à lui au moment où il expirait. Je reste longtemps immobile auprès du cadavre. Enfin, un éclair d'audace me rappelle à moi.

— Mon bon ami, dis-je avec un sourire convulsif, me dénonceras-tu encore désormais?

Et, me penchant hardiment sur le corps, je prends la tête par les cheveux et la tourne de mon côté.... Les yeux sortaient de leurs orbites. La parole et le sourire s'arrêtèrent glacés sur mes lèvres, et je commençai à sentir s'opérer en moi quelque chose d'étrange et d'horrible.

Tout le mal que j'avais fait jusqu'à ce jour, je ne m'en répentais point, m'en trouvant trop puni par la justice; mais l'action que je venais de commettre, je sentais qu'elle n'était point expiée par mes souffrances passées, et qu'elle me promettait, pour l'avenir, des remords inconnus. Une heure plutôt, personne n'eût pu me persuader que je n'étais pas le dernier des hommes; maintenant, je trouvais quelque chose au-dessous de moi, c'était moi-même.

Je ne songeai point à la justice de Dieu, mais à je ne sais quelle autre justice, et je sentis passer dans ma tête des images sans suite de cordes et de hâche, avec le souvenir de l'exécution d'une femme infanticide que j'avais vu décapiter dans mon enfance.

Une voix terrible, inexorable, continuelle, me disait que, dès ce moment, ma vie était à jamais perdue. Je me prenais à souhaiter que ma victime vécût encore, ou pût se ranimer. Je faisais mille efforts pour me rappeler tout le mal que le mort m'avait fait pendant sa vie, et je ne pouvais en venir à bout; ma mémoire était comme anéantie. Je n'y retrouvais pas même les motifs qui, un instant plutôt, m'avaient poussé à tuer Robert, et je me demandais comment j'avais pu commettre ce meurtre.

Cependant, j'étais resté devant le cadavre, cloué à terre par une force invincible. Tout-à-coup, les claquements d'un fouet et le bruit d'un chariot qui traversait le bois, me firent tressaillir et me tirèrent de ma stupeur. Le lieu où j'avais commis mon crime, n'était pas à un quart de mille de la grande route; il fallait songer à me mettre en sûreté par la fuite.

Je me dirigeai naturellement vers l'intérieur de la forêt; mais, après quelques minutes de marche, il me vint à l'idée que le mort devait avoir une montre sur lui; j'avais besoin d'argent pour gagner la frontière. Cependant, le courage me manquait pour retourner auprès du cadavre. La pensée du Démon et celle de Dieu me donnaient pour la première fois des visions et des vertiges. Enfin, je m'armai de toute mon audace, et, résolu à braver l'enfer entier, je revins sur mes pas.

Je trouvai sur le mort ce que j'avais supposé, et, de plus, un thaler environ, dans une bourse verte. J'allais mettre ces deux objets dans ma poche, lorsqu'une réflexion m'arrêta. Je rejetai dédaigneusement la montre, et je ne gardai que la moitié de l'argent, non pas de peur d'ajouter un vol à un assassinat, mais afin de passer pour l'ennemi personnel, plutôt que pour le voleur du mort.

Alors, je regagnai le cœur de la forêt. Je savais qu'elle s'étendait jusqu'à quatre milles au nord, et que, de ce côté, elle aboutissait à la frontière. Je courus jusqu'à l'heure de midi, sans prendre haleine. La vitesse de ma fuite avait d'abord dissipé mes remords; mais, au fur et à mesure que mes forces diminuaient, ma conscience recommençait à élever la voix. Et cette voix devenait de plus en plus terrible. Des furies infernales se croisaient sur mon chemin, et je sentais ma poitrine traversée de mille poignards. Plus j'allais, et plus ma position s'éclairait d'une affreuse lumière, plus je sentais que je n'avais que le choix, entre un prompt suicide et une existence pleine de trouble et d'épouvante. Je ne pouvais me faire ni à l'idée de sortir d'ici-bas, ni à celle d'y rester. Hésitant entre les tourments assurés de la vie, et l'incertitude terrible de l'éternité, aussi peu décidé à vivre qu'à mourir, je passai la sixième heure de ma fuite dans des tortures qu'aucune langue humaine ne saurait raconter.

VI.

J'avais enfoncé mon chapeau sur mes yeux, comme pour me dérober, même à la nature, et je suivais machinalement un étroit sentier conduisant à l'endroit le plus fourré du bois; quand tout-à-coup une voix rauque et impérieuse me cria : arrête!

Cette voix était presqu'à mon oreille.

Ma préoccupation et mon chapeau m'avaient seuls empêché d'apercevoir plus tôt ce que je vis en relevant la tête et en ouvrant les yeux.

Un homme à la mine sauvage était à deux pas de moi, et s'approchait en s'appuyant sur un grand bâton armé de nœuds. Sa taille était si haute que d'abord je crus voir un géant. C'est du moins ce que put lui faire penser mon premier mouvement à son aspect. Son teint, d'un jaune foncé, comme celui des mulâtres, faisait ressortir le blanc de ses yeux qui louchaient affreusement. Il avait pour ceinture une grosse corde qui faisait deux fois le tour d'un surtout vert, et dans laquelle étaient passés un coutelas et un pistolet.

— Halte-là ! répéta-t-il.

Et, joignant le geste à la parole, il m'arrêta d'un bras vigoureux.

La voix d'un homme m'avait d'abord

effrayé ; la vue d'un monstre me rendit mon courage. Je n'avais que trop de raison de trembler désormais devant qui que ce fût qui eut de l'honneur ; mais devant un brigand, non !

— Qui es-tu ? me demanda celui qui venait de me saisir au collet.

— Ton confrère, répondis-je, si tu es toi-même ce que tu parais être.

— Ce n'est pas là la question, reprit-il, que cherches-tu dans cette forêt ?

— Et quel droit as-tu de me le demander ? dis-je en levant la tête à mon tour.

En m'entendant parler ainsi, l'inconnu me toisa deux fois du regard, comme s'il eut voulu s'assurer lequel de nous deux était le plus grand.

— Tu me fais l'effet d'un mendiant, fit-il enfin, d'un ton dédaigneux.

— C'est possible, répartis-je ; hier encore je méritais ce nom.

Le brigand sourit.

— Je l'aurais juré, dit-il.

—Et aujourd'hui, continuai-je, je ne tiens pas à passer pour quelque chose de mieux qu'un mendiant.

— C'est que tu es devenu apparemment quelque chose de pis.

Je gardai le silence, et voulus quitter mon interlocuteur.

—Doucement, l'ami, me dit-il; qui peut te presser? N'as-tu pas quelques moments à perdre?

Je ne sais pourquoi cette question me fit rêver.

— La vie est courte, observai-je machinalement.

—Et l'enfer est éternel, ajoutai-je en moi-même.

L'inconnu me regarda fixement, et me dit enfin :

— Je veux être damné, si tu ne viens

pas d'échapper à grand'peine à quelque potence.

— Pas encore, soupirai-je ; mais cela viendra. Au revoir donc, camarade.

— Camarade, s'écria-t-il, tope là.

Et au même instant, tirant un flacon de sa gibecière, il me le présenta, après avoir bu une forte gorgée.

Ma course et mes remords avaient également épuisé mes forces ; et, depuis le matin de cette horrible journée, je n'avais pris aucune nourriture. Trois milles me restaient encore à parcourir avant de trouver le moindre rafraîchissement, et je craignais véritablement de tomber en défaillance au milieu de la forêt. J'acceptai donc avec le plus vif empressement l'offre de l'inconnu. La bienfaisante liqueur renouvela mes forces, et je sentis revenir dans mon âme, avec le courage, l'espoir et l'amour de la vie. Je commençais même à ne plus me trouver tout-à-fait malheureux. Étrange effet de quelques gouttes de vin ! En moins d'une minute, ma position me sembla changée, et je me jugeai bientôt plus à féliciter qu'à plaindre, puisqu'après en avoir mille fois perdu l'espérance, je venais de rencontrer enfin un homme qui sympathisait avec moi ; c'est que, dans l'état d'esprit où j'étais, j'aurais, je crois, bu à la santé du démon, pour pouvoir en faire mon confident.

VII.

Mon nouveau compagnon s'était couché sur l'herbe. Je m'y couchai auprès de lui.

— Ton vin, dis-je, m'a fait du bien; il faut que nous fassions connaissance.

Il ne me répondit point, et se mit à battre le briquet pour allumer sa pipe.

—Y a-t-il longtemps, repris-je, que tu es dans le métier?

—Qu'entends-tu par là, dit-il, en fixant ses yeux sur les miens?

Je touchai le couteau qui pendait à sa ceinture.

— Je demande, poursuivis-je, si cette lame a souvent bu du sang d'homme?

—Qui es-tu? s'écria-t-il, avec une vivacité terrible, en laissant tomber sa pipe.

— Un assassin comme toi, répondis-je, bien qu'encore apprenti.

Il me considéra de nouveau, et reprit sa pipe.

— Au moins, tu n'es pas du pays?

— Je suis de trois milles d'ici. N'as-tu pas entendu parler de Sonnenwirth?

A ce mot, il se leva d'un bond.

—Sonnenwirth, le braconnier! s'écria-t-il, c'est toi?

— Moi-même!

—Alors, camarade, sois le bienvenu.

Et, me serrant la main avec force, il répétait :

—Sois mille fois le bienvenu, camarade. C'est mon bon génie qui me fait enfin te rencontrer, cher Sonnenwirth; il y a long-temps que je ne songeais qu'à en trouver l'occasion. Je te connais parfaitement ; je sais toute ton histoire, et j'ai toujours compté sur toi.

—Sur moi !... comment cela ?

— Pardieu ! tout le pays ne parle que de tes aventures. Tu as des ennemis, Wolf; un magistrat t'a opprimé. On t'a ruiné, traité d'une manière inique, enfermé à la maison correctionnelle, traîné aux travaux forcés.

Il s'échauffait de plus en plus en parlant ainsi.

— On t'a volé ta maison, poursuivit-il, et on t'a réduit à mendier, parce que tu avais tué quelques bêtes que le prince élève sur notre territoire. Jour de Dieu ! vivons-nous donc dans un temps où un lapin vaut un homme ? Ne nous estime-t-on pas plus que la brute qui paît l'herbe des champs ! Ah ! mon cher Wolf, comment as-tu pu supporter de pareils traitements ?

—Y avait-il moyen d'y rien changer.

—C'est ce que nous verrons ! En attendant, dis-moi d'où tu viens, et quelles armes porte, à l'heure qu'il est, ton écusson [1] ?

Je lui racontai toute mon histoire. Mais il n'en attendit pas la fin, et, se levant avec une joyeuse impatience, il me prit sous le bras, et m'entraîna par la forêt.

—Viens, mon ami, disait-il, viens, mon cher Sonnenwirth. Tu es au bout de tes peines ; je veux faire de toi quelque chose dont je serai glorieux. Suis-moi seulement.

—Où veux-tu m'emmener ?

[1] Qu'elle est ta profession actuelle ?

— Ne me le demande point, contente-toi de me suivre, et tu verras.

En parlant ainsi, il m'entraînait de force. Nous fîmes environ un quart de mille. La forêt devint de plus en plus épaisse et difficile à franchir. Les sentiers disparaissaient, et tout prenait un air sauvage et désert. Le silence profond qui régnait autour de nous me replongeait dans mes réflexions, lorsque j'en fus tiré violemment par un coup de sifflet de mon conducteur.

Nous étions devant un roc dont l'escarpement annonçait un précipice. Un coup de sifflet répondit du fond de la caverne à celui de mon compagnon; et aussitôt une échelle s'allongea comme par magie le long du rocher. Le brigand descendit en me priant d'attendre qu'il revint me prendre.

— Il faut d'abord, dit-il, que j'enchaîne le chien; car, en ta qualité de nouveau venu, il te dévorerait immanquablement.

En disant cela, il disparut.

J'étais seul, devant l'entrée de l'abîme. Je me le dis plusieurs fois ; car l'imprudence de mon compagnon ne m'échappait point. Il m'eut suffi d'un moment de résolution pour tirer l'échelle à moi. J'étais libre, et ma fuite assurée. J'avoue que je fus tenté de prendre ce parti. En plongeant mon regard dans le gouffre ouvert devant moi, je le comparais à l'enfer, d'où l'on ne revient plus. J'hésitais à l'entrée de la nouvelle carrière qui attirait mes pas. J'étais si avancé, que la fuite seule, et une fuite rapide, pouvait me sauver désormais. Cependant, j'allais me décider, et j'étendais le bras pour attirer l'échelle, quand tout-à-coup il me sembla entendre l'enfer entier se moquer de moi, et me crier avec des ricanements ironiques :

— Que risque un assassin à devenir un brigand?

Ma main s'arrêta comme paralysée. C'était fait de moi. Je n'avais plus d'autre place au monde que cette caverne. L'assassinat que je venais de commettre, s'élevait derrière moi comme une montagne infranchissable, qui me séparait à jamais de la société.

Pendant que je faisais ces réflexions, mon compagnon reparut et me cria de descendre. Il n'y avait plus à balancer...... Je descendis!

VIII.

Nous ne fîmes que quelques pas sous les parois du roc, et nous retrouvâmes le sol. Bientôt quelques cabanes m'apparurent. Une large pelouse s'étendait au milieu; et dix-huit à vingt brigands y étaient assis en rond.

— Camarades, dit mon conducteur, en m'introduisant dans le cercle, je vous présente notre confrère Sonnenwirth; dites-lui qu'il est le bien venu.

— Sonnenwirth! s'écrièrent-ils tous en se levant précipitamment. Et, hommes et femmes, ce fut à qui serait le premier auprès de moi. Dois-je l'avouer? Leur joie de me voir était franche, et partait du cœur. La confiance et l'estime se lisaient sur leurs visages. Quelques-uns me serraient les mains; d'autres m'attiraient à eux par mes vêtements; tous m'accueillaient avec cette sécurité amicale qu'inspire le retour longtemps attendu d'une ancienne et précieuse connaissance.

Mon arrivée chez mes nouveaux hôtes, avait interrompu leur festin qui ne faisait que commencer. On le reprit aussitôt en m'y faisant asseoir, et en me forçant de boire à la ronde. Le repas se composait de gibier de toute espèce, et le vin circulait sans interruption autour de la table. L'union et la prospérité semblaient régner dans toute la bande, et chacun rivalisait avec son voisin pour me manifester son bonheur, en général, et, en particulier, son plaisir de me voir. Les démonstrations, même les plus licencieuses, n'étaient pas épargnées.

On m'avait mis à la place d'honneur, entre deux femmes. Je m'attendais, certes, à ne trouver en pareille compagnie que le rebut du sexe; quelle fut ma surprise, lorsque j'aperçus les deux plus belles femmes que j'eusse encore vues.

Marguerite, qui se laissait appeler mademoiselle, était l'aînée et la plus jolie; elle avait à peine vingt-cinq ans. Elle parlait beaucoup, et gesticulait encore davantage; le tout avec un aplomb imperturbable.

Marie, la plus jeune, avait porté le joug de l'hymen; mais elle l'avait secoué, et s'était enfuie de chez son mari, pour se délivrer de ses mauvais traitements.

Plus délicate que sa voisine, et couverte d'une pâleur qui dénotait quelque souffrance, elle séduisait moins au premier coup d'œil, mais elle regagnait bientôt l'avantage.

Toutes deux se disputèrent ardemment l'honneur de faire ma conquête. La belle Marguerite surtout me provoqua par les avances les plus agaçantes, mais elle ne me plut point; mon cœur lui préféra la timide Marie.

— Mon cher Wolf, dit mon introducteur en se tournant vers moi, tu vois comme nous vivons entre nous. C'est tous les jours la même chose. N'est-il pas vrai, camarades?

— Tous les jours! s'écria la bande entière d'une seule voix.

— Si notre genre de vie te convient, reprit mon patron, reste avec nous, et sois notre chef. C'est moi qui l'ai été jusqu'à ce jour, mais je te trouve digne de me remplacer. Cela vous convient-il, camarades?

—Oui! oui! répondirent tous les convives ensemble.

L'ivresse et le délire faisaient bouillir mon sang; ma cervelle s'allumait sous mon crâne, ma tête était perdue. Le monde m'avait repoussé comme un pestiféré, et je trouvais chez mes nouveaux hôtes un accueil fraternel, une vie de plaisir et un poste d'honneur. De part et d'autre, la mort m'attendait; et avec les brigands, du moins, je pouvais vendre ma vie à un prix magnifique. La volupté était ma passion dominante. Les femmes ne m'avaient témoigné jusqu'alors que du mépris; et voilà que j'avais un seul mot à dire pour savourer tous les plaisirs qu'elles peuvent donner à l'homme. Ma résolution ne me coûta donc aucun effort.

— Je reste parmi vous, camarades, m'écriai-je avec force, en m'élançant au milieu de la bande.

— Je reste à jamais parmi vous, repris-je aussitôt, si vous voulez me céder ma charmante voisine.

Ma demande me fut accordée unanimement, et je fus déclaré possesseur d'une femme perdue et chef d'une bande de voleurs.

IX.

Je ne reproduirai point la suite des confidences de Wolf, parce qu'elles ne contiennent plus que des récits affreux sans utilité pour le lecteur. Le malheureux qui s'était dégradé au point que nous venons de voir, ne se fit plus scrupule d'exécuter contre la société mille projets extravagants et horribles. Toutefois, il ne commit point de second assassinat, comme il l'a déclaré avant son exécution.

La réputation de Sonnenwirth s'étendit promptement dans toute la province. Son nom en devint la terreur; il n'y eut plus de routes sûres dans les campagnes, plus de domiciles sacrés dans les villes. Toute la justice du pays fut employée à la poursuite du brigand, et sa tête fut mise à prix. Assez heureux pour se soustraire aux premières démarches dirigées contre lui, il sut bientôt exploiter à son avantage la superstition des paysans, et les convaincre que tout devait lui réussir, ainsi qu'à ses compagnons, attendu qu'il avait fait un pacte avec le diable et qu'il était sorcier. Le pays sur lequel il exerçait ses ravages appartenait moins encore que maintenant à l'Allemagne civilisée. On y ajoutait foi à tous les bruits qu'il faisait courir sur lui-même, et la crédulité de chacun mettait sa personne en sûreté.

Il y avait un an qu'il faisait ce triste métier, lorsqu'il commença à le trouver odieux. La bande dont il était devenu le chef avait été loin de remplir les brillantes espérances qu'il avait conçues. Il avait été ébloui par un tableau trompeur, dans un moment d'ivresse ; et, quand le prestige fut évanoui, il vit seulement combien il s'était dégradé. La disette et le besoin avaient succédé à l'abondance et aux plaisirs qui avaient présidé à sa réception. Il fallait souvent se contenter d'un repas par jour, et encore ce repas ne suffisait-il pas toujours à assouvir sa faim. Quant à l'union fraternelle dont les brigands s'étaient vantés, elle n'était qu'une chimère, et la misérable bande était sans cesse divisée par l'envie, les soupçons et la jalousie.

Une autre considération inspirait à Wolf des réflexions profondes : en mettant sa tête à prix, la justice avait ajouté la promesse d'une grâce entière à celui qui le livrerait, si c'était un de ses complices. Pour des hommes qui n'étaient que le rebut de l'espèce, c'était là une tentation puissante. Le malheureux ne se dissimulait donc pas son danger; et la probité, cet engagement tacite passé devant Dieu entre les hommes d'honneur, n'était pour lui qu'un triste gage de sécurité vis-à-vis de ses subalternes.

Cette idée dévorante ne le quittait pas. Des angoisses mortelles troublaient son repos. Mille soupçons le poursuivaient comme autant de spectres effrayants, tourmentant sa pensée quand il veillait, et se glissant dans son lit pendant son sommeil, pour l'assiéger de mille songes affreux. Au milieu de cette tempête intérieure, sa conscience élevait de nouveau sa voix; depuis deux ans muette; et les vipères du remords se réveillaient de leur long assoupissement, pour se remettre à lui ronger le cœur. Toute la haine qu'il avait portée à la société se tournait désormais contre lui-même. Il pardonnait maintenant à tout le monde, et ne maudissait plus que lui.

Le vice et le crime avaient complété l'éducation de ce malheureux, et son bon naturel, si longtemps étouffé, remportait enfin la victoire sur de funestes illusions.

Plus il sentait dans quel profond abîme il était tombé, plus la rage de son désespoir faisait place à une morne mélancolie. Convaincu qu'il agirait tout autrement, il pleurait de ne pouvoir revenir au temps passé; puis, il commençait à croire qu'il était temps encore de devenir honnête homme, puisqu'il s'en sentait la force. Et au fait, après avoir descendu, jusqu'au dernier degré, l'échelle du vice, il se trouvait réellement plus près de la vertu qu'il ne l'avait été avant de commettre sa première faute.

X.

.

A cette époque, se déclarait la guerre de trente ans, et se faisaient par toute l'Allemagne les recrutements les plus rigoureux. Wolf crut pouvoir fonder quelque espoir sur cette circonstance, et écrivit au prince une lettre dont voici un fragment :

« Si votre grâce ne répugne pas à s'abais-
» ser jusqu'à m'entendre; si un criminel de
» mon espèce n'est pas indigne de votre
» pitié, alors, ô mon illustre souverain,
» daignez m'écouter une minute.

» Je suis voleur et assassin ; la loi me con-
» damne à mourir ; la justice me cherche,
» et j'offre de me livrer moi-même ; mais
» auparavant, mon prince, j'ai une prière à
» déposer au pied de votre trône.

» Personne ne déteste ma vie plus que
» moi-même ; par conséquent, je ne crains
» point la mort. Seulement, je trouverais
» horrible de mourir sans avoir vécu. Je
» voudrais donc vivre, dans l'unique but de
» me réconcilier avec la société que je n'ai
» cessé d'offenser jusqu'ici. Mon exécution
» immédiate serait sans doute un exemple
» salutaire pour les autres, mais elle m'em-
» pêcherait de réparer mes crimes.

» Je hais le vice, et il me tarde de devenir

» honnête et vertueux. Ayant pu me faire
» redouter de mon pays, je pourrai lui être
» utile.

» Je sais que je prétends à une faveur
» extraordinaire; que ma tête est à prix, et
» qu'il ne m'appartient point de m'expli-
» quer avec la loi. Mais je ne comparais pas
» encore devant elle, les fers aux mains; je
» suis libre, et la peur est le sentiment qui
» a le moins de part dans ma démarche
» d'aujourd'hui.

» Je vous le répète, mon prince, c'est
» grâce que je demande, et non point jus-
» tice; je pourrais avoir quelques raisons
» de faire le contraire, mais il ne serait plus
» temps de les exposer, et je ne saurais les
» faire comprendre. Cependant, si j'étais
» devant mes juges, je les prierais de re-
» marquer une simple chose : c'est que
» tous mes crimes datent de la première
» sentence qui a entamé mon honneur!

» Si, à cette époque, mon châtiment eût
» été moins sévère, il est probable qu'à
» l'heure qu'il est je n'aurais pas besoin
» de pardon.

» Laissez donc, mon prince, la clémence
» s'asseoir à la place de la justice ; et si vous
» avez assez de pouvoir pour fléchir la loi
» en ma faveur, alors, oh! je vous en con-
» jure, faites-moi l'aumône des jours qu'il
» me reste à vivre : ils vous seront entière-
» ment consacrés.

» Dans le cas où votre bienveillance au-
» rait à me donner une réponse favorable,
» veuillez me la faire connaître en la ren-
» dant publique ; je me présenterai aussitôt
» à votre grâce ; dans sa capitale.

» Dans le cas contraire, que la justice
» fasse son devoir ; je saurai faire le mien. »

Cette supplique demeura sans réponse, aussi bien qu'une seconde et une troisième, dans lesquelles Wolf demandait à être enrôlé dans la cavalerie du prince.

Perdant alors tout espoir de pardon, il résolut de quitter le pays, et d'aller chercher une mort honorable au service du roi de Prusse. Dans ce dessein, il parvint à se séparer heureusement de sa bande, et il se mit en route.

XI.

La première course de Sonnenwirth le conduisit à une petite ville, où il résolut de se reposer jusqu'au lendemain.

Peu de temps avant son arrivée, des mandats avaient été lancés pour ordonner les fouilles les plus minutieuses sur la personne des voyageurs. La part que le prince''' prenait à la guerre motivait cette rigueur.

Un de ces mandats était dans les mains de l'employé qui se trouvait assis sur un banc, devant le bureau d'octroi de la petite ville, au moment où Wolf se présenta pour franchir la barrière, au trot de son cheval. L'équipage du brigand avait quelque chose de risible et en même temps de sauvage et de repoussant. Sa monture n'était qu'une rosse; les diverses parties de son costume, moins faites pour prouver son goût que propres à établir la chronologie de ses vols, formaient un contraste bizarre avec sa figure, sur laquelle se laissaient voir les traces des plus viles passions, comme ces meurtrissures hideuses qu'on trouve aux cadavres étendus sur un champ de bataille.

A l'aspect d'un si singulier voyageur, la première impression de l'employé de l'octroi fut une sorte d'épouvante. Et cependant le digne homme avait blanchi dans le service, où il était connu, depuis quarante ans, pour le plus infaillible déchiffreur d'un signalement de bandit.

Promptement remis de sa surprise, il fixa son œil de faucon sur Wolf, et, flairant aussitôt son homme, il ferma les portes de la ville, et réclama les papiers exigés par la loi, sans oublier de saisir provisoirement, par la bride, le cheval du voyageur. Wolf avait prévu le cas, et s'était muni en conséquence. Des papiers enlevés récemment à un marchand dévalisé sur la route, furent solennellement présentés par lui au vieil argus. Mais ce témoignage ne suffit pas pour convaincre un physionomiste exercé depuis un demi siècle. Plus confiant encore dans son coup d'œil que dans les pièces offertes par l'étranger, il lui déclara qu'il fallait le suivre jusqu'à la mairie.

Le maire visita les papiers et les trouva en règle; mais, comme ils indiquaient que le porteur arrivait directement des lieux qui étaient le théâtre de la guerre, et que l'excellent magistrat ne connaissait aucune volupté au-dessus de celle d'apprendre des nouvelles en vidant une bouteille de vieux vin, il se flatta que l'étranger qui lui tombait sous la main aurait des merveilles à lui raconter, et il envoya l'employé chercher à la fois ce qu'il fallait pour viser les papiers du voyageur et pour boire à sa santé.

Pendant cet intervalle, Wolf, obligé de se tenir devant la mairie, vit s'assembler autour de lui une foule de curieux, attirés par la singularité de son équipement. On se parlait à demi-voix; on se montrait du doigt le cheval et le cavalier. Bref, le concours devint une cohue, et les chuchottements un tumulte.

La monture de Wolf avait été volée par

lui. Le malheureux s'imagina que l'attention générale dont il était l'objet, venait de ce que quelqu'un l'avait reconnue et signalée aux autres.

La politesse inattendue du maire, loin de calmer ses craintes, ne fit que les aggraver. Il se dit que la fausseté de ses papiers avait peut-être aussi été découverte, et que l'invitation du magistrat n'était qu'un guet-à-pens, tendu à sa crédulité, pour le saisir vivant et sans défense. En un mot, sa mauvaise conscience lui ôtant toute pénétration, il se crut perdu, et, pour unique réponse aux paroles qu'on lui adressait, il donna brusquement deux grands coups d'éperon à son cheval, qui l'emporta, comme un trait, loin de la multitude ébahie.

Après un premier moment de surprise, cette fuite soudaine devient le signal d'une insurrection générale. Tout le monde crie : Au voleur ! et se précipite après l'étranger.

Il s'agissait, pour Wolf, de vie et de mort. Il redouble de vitesse, prend une avance considérable sur ceux qui le poursuivent, et qui ne font que perdre haleine pendant qu'il gagne du chemin. Il va disparaître, et le voilà sauvé!.... Mais une main invisible l'a égaré dans sa route; son heure est venue, et l'inflexible Némésis étend le bras sur sa victime.... Le malheureux s'était lancé dans un cul-de-sac!

Obligé de revenir sur ses pas, il trouve la foule plus pressée. L'alerte a été donnée partout, et la ville entière est sur pied. Bientôt, groupes sur groupes se précipitent et s'épaississent devant son cheval. Une armée d'ennemis lui ferme le passage. Il montre un pistolet; le peuple recule. Il veut de force fendre la mêlée, en menaçant quiconque s'avance, de lui brûler la cervelle; et la terreur générale lui donne un moment d'espoir et de répit. Mais enfin, un homme plus intrépide que les autres, s'approche vivement, lui saisit le bras par derrière, l'arrête, en se détournant, au moment même où son doigt touchait la détente du pistolet, et fait tomber à terre l'instrument terrible.

Alors, aussitôt enlevé que désarmé, Wolf est traîné par les rues avec des cris de triomphe, et conduit de nouveau à la mairie.

— Qui es-tu? lui demande brusquement le magistrat, devenu son juge.

— Un homme, repart-il, qui attendra, pour répondre à tes questions, qu'elles soient faites d'un ton plus poli.

— Qui êtes-vous? reprend le maire.

— Je suis le marchand dont le signalement est porté sur les papiers que vous avez lus. Je viens de traverser l'Allemagne, et je n'ai subi nulle part les traitements insolents qu'on s'avise de me faire en cette ville.

—Votre fuite précipitée a jeté sur vous des soupçons. Qu'elle en a été le motif?

—J'étais las de me voir la risée de votre populace.

—Vous avez menacé de faire feu sur les habitants.

—Mon pistolet n'était pas chargé.

On examina l'arme, et on n'y trouva en effet point de balle.

—Pourquoi donc étiez vous armé?

—Parce que je suis porteur de plusieurs objets d'un grand prix, et qu'on m'avait prévenu de me tenir en garde contre un certain *Sonnenwirth* qu'on dit caché dans ces environs.

—Cela prouve votre courage, mais nullement la bonté de votre cause. Je vous donne jusqu'à demain, pour vous décider à dire la vérité.

—Je l'ai dite; à quoi bon la répéter?

—Qu'on l'emmène à la tour.

—A la tour! Monsieur! Où est donc la justice de ce pays? Je demande satisfaction d'un pareil outrage.

—On vous la donnera, aussitôt que vous serez déchargé du soupçon qui pèse sur vous.

XII.

Le lendemain matin, le maire, réfléchissant au caractère de l'étranger, se dit que la violence n'obtiendrait rien de son obstination, et que la modération et la politesse auraient peut-être plus de prise sur lui.

— Monsieur, lui dit-il, après l'avoir fait

amener devant les juges de la ville, excusez-moi, si je vous ai traité hier un peu durement, dans un premier moment d'effervescence.

— Vous êtes tout excusé, monsieur, si vous le prenez sur ce ton.

— Nos lois sont sévères, votre aventure a fait du bruit, et je ne puis vous remettre en liberté sans manquer à mon devoir. Les apparences sont contre vous; mais je désire autant que vous-même que vos paroles leur donnent un démenti.

— Et si je n'ai rien à dire?

— Alors je dois faire mon rapport à la justice, et, en attendant, vous resterez en prison.

— Après quoi?.....

— Après quoi vous pourrez être chassé du pays, où, si l'on vous fait grâce, enrôlé dans les nouvelles recrues.

Wolf garda quelques instants le silence,

et sembla lutter avec lui-même ; puis, se tournant vivement vers le magistrat :

— Monsieur, dit-il, pourrais-je vous entretenir seul un quart d'heure ?

Les juges se regardèrent avec méfiance ; mais, sur un geste du maire, ils le laissèrent avec l'accusé.

— Qu'avez-vous à me dire ? demanda le magistrat.

— Monsieur, répondit Wolf, les façons que vous preniez hier ne m'auraient pas arraché un seul mot, parce que je déteste surtout la violence ; la douceur que vous venez de me montrer m'inspire, au contraire, la plus parfaite confiance en vous. Je vous crois homme de cœur.

— Qu'avez-vous à me dire ? répéta le maire.

— Oui, poursuivit Wolf, je vois que vous êtes généreux. Il y a bien longtemps que je prie le ciel de mettre sur ma route un homme comme vous. Veuillez donc me permettre de toucher votre main droite.

— Où voulez-vous en venir?

— Cette tête est respectable, continuait le brigand de plus en plus ému ; elle porte une couronne de cheveux blancs ! Il y a bien long temps que vous êtes au monde ; peut-être avez-vous connu la souffrance?

— Monsieur, je ne comprends pas.....

— Vous n'êtes qu'à quelques pas de l'éternité. Bientôt, oui bientôt, vous aurez besoin de la clémence de Dieu. Méritez-la, en soyant clément pour vos frères! Ne me comprenez-vous pas enfin? Et ne devinez-vous point quel est l'homme qui vous parle?

— Que voulez-vous dire? Qui donc êtes vous? Vous m'épouvantez!.....

— Vous ne devinez pas encore?... Eh! bien, écrivez à votre souverain comment vous m'avez arrêté. Dites-lui que je me suis dénoncé moi-même librement, et que le ciel pardonne à qui pardonne aux autres. Quant à vous, vieillard, priez pour moi, et laissez tomber une larme en écrivant mon nom sur votre rapport ; je suis Sonnenwirth.

(*Schiller s'était dispensé d'avance de raconter le dénoument de cette histoire, en prévenant le lecteur, dans son préambule, que Wolf était mort de la main du bourreau.*)

LE JEU DU DESTIN.

HISTOIRE VRAIE.

I.

Aloysius de G... était fils d'un bourgeois aisé, servant à ***. Une éducation libérale développa de bonne heure ses heureuses dispositions, et il entra au service tout jeune encore et possédant déjà des connaissances qui le firent promptement remarquer de son souverain. Celui-ci sut, non seulement apprécier le jeune militaire, mais deviner même tout ce qu'il pourrait être un jour.

Dans tout le feu comme dans tout l'éclat de la jeunesse; incapable de reculer devant les entreprises les plus difficiles, les obstacles les plus insurmontables et même les échecs les plus décourageants; doué d'un esprit aussi brillant que solide, sachant animer la plus froide conversation d'une gaîté parfaite et d'une verve inaltérable; portant le charme et la vie partout où il se présentait, et gardant néanmoins, jusque dans ses plaisanteries et ses jeux, un caractère constant de dignité et de grandeur, G... gagna d'autant plus facilement les bonnes grâces de son prince, que ce prince, du même âge que lui, n'eut qu'à reconnaître en son protégé les qualités qu'il possédait lui-même.

Ces qualités étaient encore rehaussées dans Aloysius par la taille la plus avantageuse et la figure la plus éclatante à la fois d'esprit et de santé. Il y avait dans sa physionomie et dans son regard, dans sa tournure et dans ses manières, un mélange inexprimable de majesté naturelle et de noble simplicité. Avantages positifs qui ne plaisaient pas moins au souverain que ceux de l'esprit et du cœur.

Tant de rapports d'âge, de caractère et de sympathie, ne tardèrent pas à établir entre le prince et G... une amitié qui eut aussitôt toute la chaleur et toute la vivacité d'une passion. Le favori monta de grade en grade, et cet avancement ne sembla au prince qu'un témoignage insuffisant de son estime et de son affection. La prospérité du premier s'accrut donc en raison de la puissante amitié du second, et

Aloysius se vit, à vingt-deux ans, élevé à des dignités que les plus heureux ne trouvent pas toujours au terme de leur carrière.

Mais son esprit actif ne pouvait s'endormir dans les oisives satisfactions de sa vanité, ni se contenter d'une apparence de bonheur qu'il se sentait la force et le courage de rendre réel et durable. Laissant donc le prince se lancer dans les fêtes et les plaisirs, le jeune favori s'enferma dans son cabinet parmi les chartes et les livres, étudia avec une assiduité infatiguable la politique et les intérêts de l'état, et acquit dans cette science difficile, une supériorité si incontestable, qu'il fallut bientôt lui faire passer par les mains toutes les affaires qui offraient quelque importance. De chambellan, il devint alors premier conseiller, puis ministre, et enfin maitre absolu de l'esprit de son prince. On n'aborda plus ce dernier sans lui. Il disposa de tous les emplois, de toutes les dignités et de toutes les faveurs. Il fut plus souverain que le souverain.

II.

Aloysius était arrivé trop jeune, et par un chemin trop court, à la puissance, pour pouvoir en user avec modération. La hauteur à laquelle il se trouvait donna des vertiges à sa tête ambitieuse, et sa modestie le quitta au terme de ses désirs. Son orgueil s'enivra de voir courbés sous sa main de jeune homme tous les personnages que leur naissance, leur rang ou leur fortune mettaient naguère au-dessus de lui. Il se plut à voir à ses pieds les plus hautes têtes du pays, jusqu'à celles qui avaient des cheveux blancs! L'exercice prématuré d'une autorité absolue imprima bientôt à ses manières une certaine dureté qu'il avait eu de la peine à dissimuler jusqu'alors, et qui l'accompagna ensuite dans toutes les vicissitudes de sa vie. Rien ne lui coûtait pour ses amis; mais ses ennemis ne pouvaient trop le redouter; car sa vengeance et sa générosité ne connaissaient pas plus de bornes l'une que l'autre. Ne pouvant plus agrandir sa fortune, il employait son influence à faire celle des autres, afin de voir leurs hommages monter vers lui comme vers l'auteur de leur prospérité;—ce qui n'empêchait point le caprice d'avoir plus de part que l'équité au choix de ses créatures. Bref, sa fierté devint telle, que non seulement elle lui fit des ennemis implacables de tous les rivaux qui le voyaient secrètement d'un œil jaloux, mais qu'elle éloigna de lui les cœurs même de ceux qui lui étaient le plus obligés.

Parmi ceux qui épiaient avec envie ses moindres mouvements et qui préparaient en silence les instruments de sa ruine, se trouvait le comte Joseph Martinengo du Piémont. Attaché à la cour du souverain, G... lui-même l'avait choisi pour le remplacer près de ce dernier dans l'emploi de chambellan, dont il avait quitté les fonctions serviles et frivoles pour des occupations plus sérieuses et plus indépendantes. Il croyait cet homme d'autant plus dévoué à ses intérêts et d'autant plus incapable de leur nuire, qu'il ne voyait en lui qu'une créature de son caprice, prête à rentrer, quand bon lui semblerait, dans le néant d'où il l'avait fait sortir. Il était encore sûr de lui, par d'autres raisons que celles du respect et de la reconnaissance. Il tomba donc dans la même erreur où s'était laissé entraîner Richelieu, lorsqu'il laissa pour jouet à Louis XIII le jeune Le Grand de Cinq-Mars; mais sans avoir, pour réparer sa faute, l'habileté du cardinal-ministre, il eut affaire à un ennemi plus rusé que le favori du roi de France.

Au lieu de s'énorgueillir de son avancement et de faire sentir à son protecteur qu'il pouvait se passer de lui, Martinengo eut soin de conserver toute sa dépendance extérieure, et de l'exagérer encore, afin de gagner de plus en plus la confiance d'Aloysius. En même temps, il sut profiter de toutes les occasions que lui fournissait sa place auprès du prince, pour rendre son intervention indispensable dans les affaires du palais et de l'état. Il ssut bientôt par cœur tous les caprices de son maître. Il connut toutes les avenues de son esprit, et il trouva insensiblement le chemin de sa faveur. Les moyens qui avaient répugné à l'âme naturellement grande et fière du ministre, furent employés sans honte par l'astucieux Italien. Tout ce qui pouvait le mener à son but lui sembla juste et honorable. Sachant par expérience que l'homme n'a jamais autant besoin d'un guide et d'un appui que lorsqu'il est sur le chemin du vice, et que rien n'autorise l'audace comme la connaissance d'un secret qui peut faire rougir, il éveilla chez le prince des passions assoupies jusqu'à ce moment, et il devint son confident forcé, en se faisant son entremetteur volontaire. Il l'entraîna dans les débauches qui veulent le mystère et l'ombre, de façon à l'obliger d'écarter toute espèce de tiers, et à être lui-même le seul maître de ses affaires particulières et de sa conscience intime. Il basa ainsi son insolente prospérité sur la démoralisation de son souverain ; et, comme celui-ci mit en effet tous ses soins à envelopper du secret le plus impénétrable les intrigues compromettantes de son chambellan, le maître fut à la disposition du serviteur, avant même que G... soupçonnât qu'il avait un rival.

III.

« On s'étonnera peut-être qu'un changement aussi grave échappât à l'attention d'Aloysius; mais il comptait trop sur son propre mérite pour supposer, une seule minute, qu'un homme tel que Martinengo pût devenir son concurrent. Martinengo, de son côté, se tenait trop bien sur ses gardes pour tirer son adversaire, par la moindre imprudence, de sa funeste et orgueilleuse sécurité. La perte de G... fut donc l'excès de sa confiance en lui-même, cette pierre d'achoppement qui avait fait trébucher mille parvenus avant lui, sur le terrain glissant de la faveur des princes. Les rapports familiers qu'il vit s'établir entre le souverain et Martinengo ne l'inquiétèrent nullement.

Il abandonna volontiers à un débutant des avantages qu'il méprisait lui-même au fond du cœur, et qui n'avaient jamais été le but de son ambition. Les bonnes grâces du prince n'avaient eu pour lui, dès le commencement, d'autre mérite que d'être le chemin le plus court de la toute-puissance. Voilà pourquoi il laissa si légèrement retomber derrière lui l'échelle qui l'avait conduit à la hauteur désirée.

Martinengo n'était pas homme à se contenter d'un rôle subalterne. Plus il avança dans la confiance du prince, plus ses désirs s'accrurent, et plus son ambition chercha des satisfactions solides. La soumission affectée qu'il avait toujours gardée envers son bienfaiteur lui devint lourde et importune, à mesure que l'augmentation de son influence réveilla l'orgueil de son âme ; et, comme le ministre, au lieu de tenir compte, dans ses manières envers lui, de ses progrès rapides dans la faveur de leur maître commun, s'attachait au contraire visiblement à rabattre sa fierté par des allusions sévères à la petitesse de son origine, il trouva bientôt sa position si insupportable, qu'il résolut sérieusement d'en sortir par la perte de son rival. Il employa toute sa dissimulation à rendre son projet impénétrable, jusqu'au jour où il fut mûr pour l'exécution. Il avait plus d'une raison d'hésiter à se déclarer l'ennemi d'Aloysius. Quoique ce dernier fût encore dans la première période de sa fortune, il y était arrivé de trop bonne heure, et il avait trop gagné dans l'esprit du prince, pour être renversé facilement du double sommet où il était établi. On pouvait l'ébranler sans l'abattre, et la moindre réaction l'eût alors consolidé plus que jamais. Il fallait donc que le premier coup qui lui serait porté fût mortel. C'est ce que Martinengo comprit parfaitement. Aloysius avait retrouvé, en considération, auprès du prince, tout ce qu'il avait perdu en amitié; car plus ce dernier négligeait les affaires de l'état pour ses plaisirs personnels, moins il pouvait se passer de l'homme qui régnait à sa place, aux dépens du pays, avec un dévoûment et une constance infatigable. G... lui devenait aussi indispensable, comme ministre, qu'il lui avait été cher comme favori.

Quelle fut, au reste, la démarche décisive

qui conduisit l'Italien à son but? C'est un secret qui est demeuré entre ceux qui portèrent le coup et ceux qui en furent atteints. On a supposé qu'on mit sous les yeux du prince une correspondance secrète et fort suspecte qu'Aloysius aurait entretenue avec des cours voisines. Les opinions sont partagées sur ce fait; qu'il soit vrai ou faux, il n'importe. Ce qu'il y a de sûr, c'est que Martinengo, quels que fussent ses moyens, eut un succès terrible contre son ennemi. Le souverain vit tout-à-coup dans son ministre un traître, un ingrat et un infâme, dont le crime lui sembla si nettement démontré, qu'il crut pouvoir le condamner sans autre forme de procès.

Tout se passa entre le prince et le chambellan dans le plus grand silence, de sorte que G..... n'entendit pas même le bruit de l'orage qui grondait sur sa tête, et demeura dans sa fatale sécurité jusqu'au moment où, d'un objet d'adoration et d'envie universelle, il devait devenir un objet de terreur pour ses pareils et de pitié pour tous les autres.

IV.

Lorsque le jour décisif fut arrivé, Aloysius alla, comme de coutume, passer la garde en revue. Après y être entré simple enseigne, il était parvenu, en quelques années, au grade de colonel. Et encore ce poste était-il fort médiocre pour un homme qui exerçait les fonctions de ministre, et qui ne voyait personne à sa hauteur dans tout le royaume.

C'était d'ordinaire à la revue qu'il recevait les hommages de la cour. Ce moment de pompe et de grandeur était, pour son orgueil, une compensation aux travaux solitaires et obscurs qui prenaient le reste de sa journée. Là, il voyait les premiers personnages de l'état l'aborder avec respect, et avec terreur s'ils n'étaient pas assurés de sa bienveillance. Le prince lui-même, quand il paraissait, semblait se joindre à son cortège ; et on osait à peine se partager entr'eux, sachant qu'il eût été plus dangereux encore d'offenser le premier qu'avantageux de plaire au second.

Or, ce fut la place même où Aloysius était habitué à recevoir ces honneurs idolâtres, que l'on choisit pour en faire le théâtre de sa ruine et de son humiliation.

Il entra dans les rangs avec l'air insouciant et dégagé qui le caractérisait, et ceux qui l'entouraient, ignorant aussi bien que lui-même ce qui allait lui arriver, lui firent place et attendirent ses ordres plus respectueusement que jamais. Peu d'instants après, arriva Martinengo, accompagné de plusieurs aides-de-camp. Son attitude et ses manières n'annonçaient plus la souplesse et l'humilité rampante du courtisan, mais l'insolent et sot orgueil du serviteur devenu maître. Il alla, d'un pas ferme et rapide, tout droit à G...; et, l'abordant sans se découvrir, il le somma, au nom du prince, de lui remettre son épée. Aloysius répondit par un long regard qui n'exprimait que la surprise, et présenta silencieusement son arme. Martinengo en appuya la lame contre terre, et la brisant du talon de sa botte, laissa tomber les morceaux aux pieds du ministre. A ce signal deux aides-de-camp s'approchèrent de ce dernier, et tandis que l'un lui arrachait ses décorations, l'autre enleva le plumet de son chapeau, ainsi que les épaulettes et les revers de son habit.

Pendant cette terrible opération qui fut l'affaire d'une minute, non seulement pas un cri ne partit des rangs, mais sur une foule de cinq cents hommes, personne n'eut la force de respirer. Les officiers qui entouraient Aloysius étaient horriblement pâles; et, n'eussent été les palpitations de leur cœur, leur stupeur ressemblait à l'engourdissement de la mort. Quand à G.... on ne peut comparer son supplice qu'à celui de la potence. Il y a en effet, dans une telle dégradation, tout le ridicule et à la fois toute l'horreur imaginables. A sa place, des milliers se seraient évanouis sous la première impression; mais lui, sa forte constitution et le calme naturel de son âme lui laissèrent la force de se soutenir encore dans la profondeur de son accablement.

La cérémonie terminée, on le conduisit à travers les rangs de l'armée et du peuple jusqu'à l'extrémité de la place de la revue. Là, une voiture l'attendait, avec une escorte de hussards. On lui fit signe d'y monter, et il obéit sans prononcer une parole. Cependant la nouvelle de son arrestation s'était répandue dans toute la ville; de sorte qu'il trouva sur son passage toutes les fenêtres ouvertes et toutes les rues pleines de curieux, dont une partie le poursuivait de huées et de cris exprimant tour-à-tour l'ironie, la joie, la cruauté, et la compassion pire que tout le reste. Enfin, la foule et le bruit s'éloignèrent, et il put respirer; mais de nouvelles angoisses l'attendaient. La voiture qui le conduisait quitta la grande route, pour suivre un chemin latéral, désert et tranquille, le chemin de la potence! Un ordre exprès du souverain l'avait voulu ainsi, et on laissa le malheureux passer par toutes les tortures de l'agonie, avant de lui faire prendre une autre route.

Ce voyage mortel dura sept heures, au milieu d'une chaleur étouffante et d'un silence glacé, jusqu'à ce qu'on fût arrivé devant la forteresse qui devait en être le terme. Là seulement on s'arrêta.

Aloysius fut tiré de la voiture sans force et sans connaissance. Il y avait douze heures qu'il n'avait rien pris, et une soif ardente jointe aux cruelles émotions de son âme, avait enfin triomphé de l'énergie de sa constitution....

V.

En revenant à lui, G... se trouva dans un affreux souterrain, et la première chose qu'il aperçut fut un énorme rocher servant de clôture à son cachot, et semblant, à la lueur incertaine de la lune qui en traversait fantastiquement les anfractuosités, prêt à se précipiter sur lui, d'une hauteur de dix-neuf toises. A ses côtés, étaient un morceau de pain bis, une cruche d'eau, et une botte de paille : sa nourriture et son lit !

Il demeura dans cette espèce de gouffre, sans rien voir ni entendre, jusqu'au milieu du jour suivant. Alors seulement une trappe s'ouvre au-dessus de sa tête et deux mains paraissent, d'où descend un panier renfermant les mêmes aliments qu'il avait trouvés la veille auprès de lui.

A cette vue, la douleur et l'impatience lui arrachent les premiers mots qu'il eut prononcés depuis son arrestation.

— Pourquoi suis-je ici? demande-t-il; quel est mon crime?...

Point de réponse... les deux mains disparaissent, et la trappe se referme...

Quatre cent quatre-vingt-dix jours passent ainsi pour Aloysius, quatre cent quatre-vingt-dix jours, qu'il compte sur les misérables morceaux de pain que les deux mains inconnues lui envoient régulièrement par la trappe inexorable ! Quatre cent quatre-vingt-dix jours, sans voir la figure, sans entendre la voix d'un seul homme; sans rien apprendre sur les causes, ni sur la durée d'une punition si épouvantable, sur le passé ni sur l'avenir; sans recevoir le soulagement du moindre rayon de lumière, du moindre souffle d'air pur, du moindre signe de sympathie ou de compassion d'aucune créature de Dieu !...

Et ce n'est encore là que la moitié de son supplice. Il connaît le cachot où il est enfermé. C'est lui-même qui l'a fait préparer quelques mois auparavant, avec tous les raffinements de la vengeance, pour y jeter un officier distingué, coupable du seul crime de lui avoir déplu !... Tous les tourments qu'il endure sont de sa propre invention ! Il est venu en personne, il y a peu de temps, inspecter l'œuvre de sa cruauté, et en accélérer l'accomplissement. Mais ce n'est pas tout encore. Pour combler ses tortures, l'officier auquel il avait donné cette horrible demeure,—respectable vieillard que la mort du commandant de la forteresse a rendu lui-même commandant,— est aujourd'hui le geôlier de sa propre prison !..... Le sort de G... est dans ses mains; la victime et le bourreau ont changé de rôle ! Aloysius perd donc ainsi la triste consolation qui pouvait lui rester encore: sa propre compassion; car, quelque dur que soit son sort, il ne peut y voir qu'une punition de son injustice. Enfin, une dernière douleur vient combler sa misère, — douleur sans égale pour un cœur aussi fier que le sien : il est à la merci d'un homme pour lequel il a été sans merci.

Mais le commandant avait l'âme trop haute pour profiter de la misérable vengeance que le hazard lui offrait. Tout en satisfaisant à la lettre et avec la ponctualité d'un vieux soldat aux sévères instructions de sa consigne, il trouvait cette consigne très pénible, et il était désolé de ne pouvoir adoucir le sort de son prisonnier.

Les seules consolations qui arrrivèrent au ministre, lui vinrent de l'aumônier de la forteresse. Cet honorable ecclésiastique, dont je ne cache le nom qu'à mon grand regret, s'intéressa tout d'abord à G..., sans connaître de lui autre chose que sa misère. Ce ne fut que longtemps après qu'il lui revint, sur son rang et sur son nom, des bruits vagues et des renseignements fortuits. Il prit aussitôt la ferme et généreuse résolution de travailler au soulagement du malheureux, et il apporta à cette sainte entreprise d'autant plus de zèle, que celui à qui il voulait porter assistance, n'en pouvait recevoir que par son ministère sacré.

Voyant que toute communication lui était interdite avec le captif, par les ordres irréfragables du commandant, il prit le chemin de la résidence, et alla tout droit trouver le souverain dans son palais. Il se jeta à ses genoux, et, lui parlant avec cette intrépide dignité que prête la conscience d'un devoir rempli :

— Prince, lui dit-il, le prisonnier de la forteresse est privé des secours religieux qu'on ne saurait refuser au plus grand criminel, sans l'exposer à désespérer à la fois de Dieu et des hommes. Permettez-moi de lui porter les soins de mon ministère. Il m'appartient comme pénitent, et je suis responsable au ciel de son âme...

Il développa ces raisons avec tant d'éloquence, que le souverain, dont le temps avait d'ailleurs calmé les ressentiments les plus vifs, lui accorda l'autorisation de voir le prisonnier.

Muni de cette autorisation, l'aumônier revint annoncer son triomphe au commandant, qui n'en fut pas moins heureux que lui-même, et qui s'empressa de faire ouvrir, au saint consolateur, le cachot fermé depuis si longtemps !

VI.

La première figure humaine qu'Aloysius revit, au bout de seize mois de prison, fut donc celle de l'aumônier. Sa prospérité ne lui avait point fait d'amis; il en trouvait un dans sa misère.

L'arrivée du pieux ecclésiastique fut pour

le malheureux l'apparition d'un ange. Il serait impossible de rendre autrement l'impression qu'il éprouva. Toutes les larmes que le désespoir refoulait depuis si longtemps vers son cœur, purent enfin couler dans le sein de l'homme compatissant.

Quant aux sensations de l'aumônier, à la vue du lieu où gémissait le captif, elles furent, au premier abord, toutes de dégoût et d'horreur. Ses yeux cherchaient un homme dans une prison; et, du fond d'une cavité obscure, semblable à la caverne d'une bête sauvage, il vit se traîner vers lui un être moitié squelette et moitié fantôme, plus effrayant encore qu'il n'était pitoyable. Qu'on se représente, en effet, une créature humaine chez laquelle toute vie semblait éteinte ; une figure que la souffrance et le chagrin avaient sillonnée de rides profondes ; une barbe et des ongles d'une grandeur démesurée ; des vêtements tombant en lambeaux, à demi pourris par l'humidité; tout cela au milieu des miasmes d'une atmosphère infecte et dégoûtante. Tel était l'état où se trouvait réduit l'ancien favori de la Fortune.... Et sa force de corps et d'âme avait résisté à de pareilles épreuves!...

Qu'on juge de l'émotion de l'aumônier devant ce spectacle. Après avoir prodigué au malheureux les soins les plus pressés, son premier mouvement fut de courir chez le commandant de la forteresse, pour implorer une seconde faveur, sans laquelle la première devenait inutile. Le commandant se retrancha de nouveau dans sa consigne; alors l'ecclésiastique, poussant son dévoûment jusqu'au bout, reprit le chemin de la résidence, et alla se jeter une seconde fois aux pieds du souverain.

— Prince, dit-il en retrouvant l'éloquence qui avait animé sa première supplique, je profanerais mon ministère, si j'en remplissais les fonctions sacrées auprès du prisonnier de la forteresse tel que je l'ai vu et dans le lieu où je l'ai trouvé. Rendez-lui d'abord la forme humaine et faites-le loger autrement que les brutes.

Cette nouvelle demande fut accordée à l'homme de bien, et, à partir de ce jour, le prisonnier commença à revivre.

Cependant, G... passa plusieurs années encore dans la forteresse; mais sa situation s'améliora d'autant plus, que, la prospérité de son successeur n'ayant pas duré plus longtemps que la sienne, les ministres qui montèrent ensuite au pouvoir traitèrent naturellement avec indulgence un homme dont ils n'avaient aucun intérêt à prolonger les tourments.

Ce ne fut qu'après dix ans de captivité qu'arriva pour Aloysius le jour de la délivrance. Il fut élargi sans enquête ni réhabilitation, afin qu'il ne pût voir dans sa liberté qu'une grâce de son souverain, et il lui fut enjoint de quitter pour jamais sa patrie.

VII.

Ici s'arrêtent les renseignements que je n'ai pu recueillir que de vive voix sur Aloysius, et je me vois forcé de passer sous silence une période de son histoire qui dura plus de vingt ans. Pendant cet intervalle, il recommença chez les étrangers sa carrière militaire, et remonta au sommet éclatant d'où il avait été si cruellement précipité dans son pays. Enfin, le temps, cet ami de tous les malheureux, ce juge lent mais infaillible de toutes les causes, se chargea de la sienne, et la gagna au moment où il s'y attendait le moins.

L'âge des passions étant fini pour le prince, la raison lui vint avec les cheveux blancs. En se voyant près du tombeau, il ne put résister au désir de revoir le favori de ses jeunes années; et, croyant pouvoir encore dédommager le vieillard des peines qu'il avait faites au jeune homme, il rappela, par une lettre amicale, son ancien ministre. Aloysius se rendit d'autant plus facilement à cette invitation, qu'il nourrissait depuis longtemps au fond du cœur l'espoir de rentrer dans sa patrie.

L'entrevue des deux vieillards fut des plus touchantes. Le prince embrassa G... comme si leur séparation n'avait duré qu'un jour. Puis, arrêtant un regard mélancolique sur ce visage qui lui semblait à la fois si connu et si étrange, il parut y compter les rides qu'il avait creusées lui-même. Il s'efforça de retrouver sous les traits flétris de sa victime les traits charmants de son ami. Mais ce fut en vain. De froides confidences furent tout ce qu'il put échanger avec Aloysius. Deux abîmes, la méfiance et la honte, avaient pour jamais séparé leurs cœurs. Dans celui du prince, une voix incessante lui rappellait cruellement sa fatale précipitation; et dans celui de G..., le souvenir de ses souffrances lui défendait d'en pardonner l'auteur. Tout ce qu'il pouvait faire, c'était de se consoler du passé par la considération du présent, et de se dire combien le réveil est doux après un mauvais rêve!..

Quoiqu'il en fût, on vit bientôt Aloysius réintégré dans toutes ses dignités d'autrefois. Son antipathie secrète contre les faveurs du prince céda aux efforts sincères de celui-ci pour réparer sa faute. Mais put-il ranimer le cœur qu'il avait flétri dès le commencement? trouva-t-il pour le vieillard décrépit des jouissances égales aux belles espérances qu'il avait enlevées dans leur fleur au tout-puissant jeune homme? La chose était impossible!

Aloysius vit cependant se prolonger pendant près de dix-neuf ans ce beau couchant de sa fortune, et cette chaude soirée de sa vie.... Ni le malheur ni la vieillesse n'avaient pu éteindre le feu de ses passions, la vivacité de son esprit et la gaîté de son humeur. A soixante-dix ans, il cherchait encore à ressaisir l'ombre de la puissance qu'il avait réellement possédée à vingt ans.

Sa retraite des honneurs fut le gouvernement de la forteresse qui avait été sa prison, et qui était toujours celle des criminels d'état.

On devait s'attendre à le voir exercer, dans cet emploi, une humanité dont il avait connu le prix mieux que personne. Il n'en fut rien. Les prisonniers ne trouvèrent en lui qu'une dureté intraitable, et un accès de colère contre l'un deux le fit mourir à l'âge de quatre-vingts ans.

LE DUC D'ALBE

A RUDOLSTADT.

1547.

I.

L'anecdote qu'on va lire, et qui mérite, à plus d'un titre, d'être arrachée à l'oubli, se trouve consignée dans une vieille chronique latine du seizième siècle : *Res in ecclesiâ et politicâ christianâ gestæ, ab anno 1500 ad annum 1600, aut. J. Sœffing.*

Th. D. Rudolstadt, 1676. Le même fait est confirmé dans un écrit intitulé : *Mausoleu manibus Metzelii posita a Fr. Melch. Dedekindo;* 1738, et dans *Le Miroir de la Noblesse*, par Spannenberg. T. 1, L. 13, p. 445.

Il s'agit d'une princesse allemande, rejeton d'une branche dès longtemps illustre par son héroïsme, et qui donna jadis un empereur à l'Allemagne. Cette femme, par un acte plein d'audace et de résolution, fit presque trembler le terrible duc d'Albe.

Lorsqu'en 1547, après la bataille de Muhlerg, l'empereur Charles V, dans sa marche rapide à travers la Franconie et la Souabe, passa par le pays de Turin, la douairière Catherine de Schwartzberg, née princesse de Henneberg, obtint de lui une lettre de sauve-garde, pour que ses sujets n'eussent rien à souffrir du passage de l'armée espagnole. Elle s'engagea, en retour, moyennant une modique somme, à envoyer de Rudolstadt au pont de Saal, que devaient traverser les troupes, du pain, de la bierre et d'autres munitions de bouche ; tout en prenant la précaution sage de faire détruire à la hâte ce pont, qui se trouvait tout près de la ville, pour le reconstruire plus bas sur la rivière, de peur que le voisinage de la cité ne fit naître dans l'esprit de ses hôtes quelques funestes tentations de brigandage. Elle permit en même temps, aux habitants des campagnes que devaient parcourir les Espagnols, de transporter à son château tout ce qu'ils possédaient de précieux.

Cependant, le général espagnol, accompagné du duc de Brunswick et de ses fils, s'avança vers la ville. Il fit annoncer, par un avant-coureur, à la comtesse de Schwarzberg, qu'il désirait prendre son déjeûner chez elle avec sa suite particulière.

Une si modeste prière pouvait d'autant

moins être refusée, qu'elle était faite par un prince à la tête d'une armée formidable.

Il fut donc répondu que son altesse pouvait se présenter, si elle voulait se contenter du peu que l'on serait à même de lui servir. Toutefois, on ne négligea point de rappeler au général les conditions de la lettre de sauve-garde, donnée par l'empereur, afin qu'il eut soin de les faire scrupuleusement observer.

II.

L'accueil amical que le duc reçut au château de la princesse, ainsi que le beau service du déjeûner, l'obligea tout d'abord de convenir que les dames de Turin étaient aussi jalouses du talent de leur maitre-d'hôtel, que de leur politesse hospitalière.

Mais, à peine était-on assis, que l'arrivée d'un courrier extraordinaire força la princesse de quitter la table un instant.....

On venait lui annoncer que les soldats espagnols, en traversant plusieurs villages, y avaient commis des actes de violence, et avaient enlevé des bœufs aux paysans.

Catherine était la mère de son peuple, et ce qui arrivait au plus pauvre de ses sujets lui était personnel. On peut donc juger de sa colère, à la nouvelle d'un tel outrage à la foi jurée. Néanmoins, sa présence d'esprit ne l'abandonna point, et elle sut se contenir assez pour cacher sa noble vengeance.

Elle ordonne à ses domestiques de s'armer promptement et silencieusement; elle fait fermer aux verroux toutes les portes du château, et elle va rejoindre ses hôtes à la table où ils l'attendaient...

Elle leur communique le rapport qui

vient de lui arriver, et se plaint, avec une émotion touchante, du peu de cas que l'on a fait de la parole donnée par l'empereur.

On lui répond en souriant que les usages de la guerre peuvent bien faire passer une fois sur une semblable infraction ; et que d'ailleurs, dans une marche d'armée, l'enlèvement de quelques bœufs n'est qu'une bagatelle...

— C'est ce que nous verrons, reprend la princesse avec feu. J'entends que l'on rende à mes pauvres sujets ce qui leur appartient; ou, de par Dieu ! le sang du prince pour celui du bœuf ! ajouta-t-elle en élevant une voix pleine de menace.

Après cette formidable déclaration, elle fit un signe, et la salle fut aussitôt remplie par les serviteurs armés. Ils se rangèrent, l'épée nue à la main, derrière les chaises des Princes, et demeurèrent ainsi pendant tout le déjeuner, sans oublier cependant les profonds respects dus au rang des convives.

A la vue de cette troupe bizarrement équipée, le duc d'Albe changea de couleur; et chacun jeta à son voisin un regard silencieux et confus.

Éloignés de leurs soldats, entourés de gens armés, seul chacun contre dix, les nobles hôtes n'avaient rien de mieux à faire que de prendre patience, et de traiter avec la princesse offensée, à n'importe quelles conditions.

Henri de Brunswick se remit le premier de son émotion, et, prenant l'aventure par son côté plaisant, il loua en riant la princesse de sa sollicitude de souveraine, ainsi que de son intrépide sang-froid. Puis il la pria de se tranquilliser pour ses sujets, et se chargea de disposer le duc d'Albe à toutes les réparations que commanderait l'équité.

Il réussit, en effet, à persuader le duc;

et celui-ci envoya sur-le-champ un exprès à l'armée, pour lui enjoindre de restituer à l'instant même les bestiaux pris aux paysans.

Aussitôt que la douairière de Schwartzberg fut assurée de cette décision, elle remercia ses convives de la meilleure grâce du monde, et ceux-ci prirent congé d'elle avec les marques du plus profond respect.

III.

C'est sans doute à l'aventure qu'on vient de lire que Catherine de Schwartzberg dut le surnom d'héroïne. Indépendamment de son courage, l'histoire loue encore la constante activité avec laquelle elle favorisa, dans son pays, la réforme commencée par son mari, le comte Henri XXXVII, ainsi que le zèle dont elle fit preuve dans l'abolition du monachisme et l'amélioration de l'enseignement public.

Elle accorda encore sa protection et prêta son appui aux ministres protestants qui étaient persécutés à cause de leur religion.

On cite, entre autres, le pasteur de Saalfeld, nommé Gaspar-Aquila, qui, dans sa jeunesse, avait suivi l'armée de l'empereur aux Pays-Bas, en qualité d'aumônier. Pour avoir refusé un jour de baptiser un boulet de canon, il fut condamné, par l'extravagante fureur des soldats, à être mis vivant dans un mortier et envoyé aux ennemis en guise de bombe. Sa destinée voulait qu'il en échappât: la poudre ne prit point.

Bientôt, sa vie fut pour la seconde fois en péril, et sa tête fut mise au prix de cinq mille *gulden*. Il s'était attiré la colère de l'empereur, en se déclarant contre lui en pleine chaire. Catherine, à la prière des habitants de Saalfeld, le reçut dans son château, le cacha, et prit le plus grand soin de lui, jusqu'au moment où il put reparaître sans danger.

Cette princesse mourut octogénaire, adorée et regrettée de tout le monde, après un règne de vingt-cinq ans. Son tombeau est encore dans l'église de Rudolstadt.

FIN

Des Romans de Schiller.

LA JEUNESSE
DE SCHILLER.

I.

Jean-Christ-Frédéric Schiller naquit, le 10 novembre 1759, dans les environs de

---

¹ Cette notice est extraite et traduite d'une intéressante brochure, publiée récemment à Stuttgard, à l'occasion et au profit du monument national élevé à la gloire de Schiller: (*Fuite de Schiller de Stuttgard, et son séjour à Manheim.* — *Cotta*, 1836). Cette brochure, écrite par un ancien ami

Wurtemberg. Son père, Jean-Gaspar Schiller, était un homme du plus grand mérite, possédant non seulement la considération publique, mais encore l'estime particulière de son souverain. Il fut tour-à-tour chirurgien, militaire et directeur d'un établissement botanique au château de Ludwigsburg. C'est dans ce poste qu'il composa et publia plusieurs ouvrages d'histoire naturelle qui eurent le plus honorable succès. Son activité d'esprit était prodigieuse. Outre les fonctions de sa place et ses études principales, il trouvait le moyen de s'occuper de mille travaux qui semblent incompatibles, et de se livrer à des compositions poétiques pour lesquelles il avait

de l'illustre poëte, est remplie de détails aussi neufs qu'authentiques sur sa vie et ses ouvrages. Nous avons choisi l'histoire de la jeunesse de Schiller, comme la partie la plus curieuse et la moins connue; et nous avons pensé que nous ne saurions trouver un meilleur complément pour notre publication.

un goût et une facilité particulière. On doit regretter qu'aucun de ces ouvrages ne soit devenu public. Il eut été curieux de comparer le talent du père au génie du fils.

Jean-Gaspar Schiller mourut en 1796, âgé de 75 ans, après avoir donné sa bénédiction à son premier petit fils, et vu poindre la gloire de celui qui devait faire de son nom un des plus grands noms de l'Allemagne moderne.

La mère du poëte, Élisabeth-Dorothee Kodwitz, était d'une des plus nobles et des plus anciennes familles du pays. Son père avait été inspecteur des forêts à Marbach. Une inondation ayant détruit tout ce qu'il possédait, il fut obligé de se faire artisan pour nourrir sa famille; ce qui ne l'empêcha point de former le cœur et l'esprit de ses enfants par une éducation distinguée.

Madame Schiller fut aussi excellente mère que parfaite épouse. L'amour qu'elle portait à ses enfants est au-dessus de toute expression. Aussi éclairé qu'il était tendre, cet amour s'épancha sur eux en mille soins de toute sorte et de chaque instant. Elle s'attacha particulièrement à leur éducation religieuse. Elle leur expliqua l'Évangile, aussitôt que leur intelligence fut assez développée pour le comprendre. Elle leur fit d'autant plus facilement aimer la lecture des bons livres, qu'elle en était elle-même toute remplie depuis son enfance ; et les premiers qu'elle leur mit entre les mains, après les saintes écritures, furent ceux que toutes les mères devraient préférer, à son exemple : les ouvrages d'histoire naturelle, les vies des grands hommes, et dans leur temps les poésies. Elle savait aussi les faire lire dans le grand livre de la nature, et elle employait de longues promenades à leur expliquer les merveilles de la création et les bienfaits de la Providence.

De tels principes ne pouvaient manquer de porter leurs fruits. Les filles de madame Schiller édifièrent l'Allemagne par leur vertu, tandis que leur frère la glorifiait par son génie; et ce dernier dut aux leçons de sa mère la chaleur et la jeunesse inaltérables qui respirent dans ses moindres ouvrages.

Ainsi que son mari, et après lui encore, madame Schiller eut la joie de voir, avant de mourir, son fils heureux époux et heureux père, en même temps que poète illustre et couronné d'honneurs. Elle mourut en 1801. De ses six enfants, deux vivaient encore, il y a peu d'années. C'étaient les deux sœurs aînées de Schiller : Dorothée-Louise, mariée au pasteur Franck de Mekmühl, et Élisabeth-Christine-Frédérique, veuve de M. Reinwald, libraire, et conseiller de la cour de Meinengen. L'attachement de madame Reinwald pour son frère est célèbre en Allemagne, ainsi que les rapports, aussi touchants qu'admirables, de leur caractère et même de leur style. Qu'on en juge par le fragment d'une lettre adressée par l'illustre dame à l'auteur de cette notice, sous la date du 16 septembre 1826 :

« Je ne suis cependant point seule,
» écrit la veuve sans enfants; l'amitié et
» l'amour environnent et enchantent ma
» vieillesse, et Dieu me laisse, en ma
» soixante-neuvième année, la vivacité
» d'esprit et la chaleur d'âme qui s'en vont
» d'ordinaire avec le jeune âge. De cette
» façon, je ne puis voir approcher qu'avec
» le sourire de l'espérance le terme de cette
» vie, qui sera d'ailleurs pour moi la réu-
» nion dans un meilleur monde au frère
» chéri qui m'y a précédée.... »

On n'a, sur les premières années de Schiller, d'autres renseignements que les détails de son éducation, qui ne demanda pas moins de soins pour son corps que pour son âme, car son tempérament fut longtemps d'une extrême faiblesse. Ce fut en 1765 qu'il commença, à Lorch, ses études de latin et de grec, chez le pasteur Moser, qui l'eut pour unique élève avec son fils. Dès cette époque, à l'âge de sept ans, il était plein du sentiment religieux qui a dominé toute sa vie. Aussitôt qu'une idée pieuse lui venait à la tête, il rassemblait autour de lui ses sœurs et ses camarades, prenait un tablier noir en guise de soutane, montait sur une chaise, et débitait gravement son petit sermon de circonstance. Quelquefois il choisissait pour texte un verset des psaumes ou de l'Évangile. Il fallait que tout son auditoire l'écoutât dans le plus grand silence et avec l'attention la plus profonde; car, s'il remarquait la moindre distraction ou le plus léger signe d'indocilité, il changeait aussitôt de thème, et son sermon devenait une réprimande sévère, qui ne se terminait point sans l'imposition d'une pénitence.

De telles dispositions semblent annoncer un naturel fier et impérieux; et cependant Schiller péchait plutôt par modestie et par excès de douceur. Il adorait sa mère, et il s'était fait aimer de ses sœurs à un tel point, que c'était à qui d'entre elles prendrait sur son compte les punitions qui lui étaient infligées. Dans ce combat fraternel, madame Reinwald remportait le plus souvent la victoire. Et les occasions de dévouement ne lui manquaient point; car, tout excellent qu'il fût, le père de Schiller l'élevait fort sévèrement, et avait quelquefois à le punir d'une faute, entre autres, qui faisait, au fond, plus d'honneur que de tort à l'enfant. La famille était pauvre, et une stricte économie suffisait à peine à prévenir des embarras dans le budget domestique. Or, Schiller avait un penchant à la générosité tellement irrésistible, qu'il donnait tout ce qui lui passait par les mains, sans réflexion comme sans regret, pour le simple plaisir de donner, — qualité dangereuse, qu'il fallait malheureusement combattre et châtier bien souvent.

« J'ai fait tout le bien que j'ai pu faire, » a-t-il dit plus tard dans *Guillaume-Tell*. Il était loin de songer à lui-même, en écrivant ces mots. Ils sont cependant l'histoire de sa vie entière.

Il ne se contentait pas de faire présent à ses amis de tout ce qui était à sa disposition. Il donnait, à quiconque paraissait en avoir besoin, ses livres, ses vêtements, et jusqu'aux couvertures de son lit.

Malgré les rigueurs auxquelles ces excès de libéralité obligeaient son père, celui-ci n'en appréciait pas moins les heureuses dispositions de son esprit et de son cœur, et notamment sa vocation religieuse. Il s'opposait d'autant moins à ce que son fils entrât dans l'état ecclésiastique, que cet état rapportait alors, à Wurtemberg, autant de profits matériels que de considération morale. Le jeune Schiller fut donc envoyé aux écoles préparatoires pour joindre l'étude de l'hébreu à celle du grec et du latin. De 1769 à 1772, il alla trois fois à Stuttgard passer des examens de théologie dont il se tira avec un succès soutenu et des félicitations unanimes. Ses travaux ne furent interrompus que momentanément par un affaiblissement survenu dans sa santé, à la suite d'une croissance trop rapide; et, à peine fut-il en convalescence, qu'il voulut se remettre à travailler doublement pour réparer le temps perdu; si bien que ses professeurs furent obligés de lui faire enlever ses livres et ses papiers, de peur qu'il n'épuisât en même temps son corps et son esprit.

Aussi indulgent pour ses compagnons d'étude qu'il était sévère pour lui-même, il se prêtait avec le plus complaisant empressement à leurs moindres fantaisies, et prenait souvent plaisir à partager avec eux des jeux auxquels il eut été loin de se livrer seul.

Quand il vit approcher le temps où il devait aller achever son cours dans un collège préparatoire, avant de passer définitivement à l'université, il redoubla encore de zèle et d'application ; et il n'est point douteux que le monde n'eût bientôt reconnu en Schiller un théologien capable d'effacer tous ses prédécesseurs, par ses heureuses inspirations, sa profonde philosophie et son éloquence éminemment religieuse, si la carrière ne se fût tout-à-coup fermée devant lui, et s'il n'eût été violemment arraché à ses études de prédilection pour être appliqué à des travaux aussi opposés à ses goûts qu'à la nature de son esprit.

II.

Le duc de Wurtemberg avait établi, dans son château de plaisance (La Solitude), une école militaire-botanique. Cette institution qui, en commençant, n'était consacrée qu'aux beaux-arts, prit de l'extension à mesure que le nombre des élèves augmentait, et embrassa bientôt l'étude de toutes les sciences.

Afin de réunir à cet établissement central les élèves les plus distingués, on prenait de temps en temps des informations, auprès des professeurs des autres écoles. En 1773, ceux-ci recommandèrent le jeune Schiller, en lui donnant la préférence sur plusieurs autres sujets remarquables. Le prince fit aussitôt proposer à sa famille une place et une pension gratuite à La Solitude.

Cette offre généreuse, que tant d'autres eussent été bien heureux d'accepter, causa plus de surprise que de joie aux parents de Schiller. Non seulement la proposition du prince venait détruire un plan tout fait, mais elle ôtait au jeune homme l'espoir, long-temps caressé, de se distinguer un jour comme orateur, écrivain, ou poëte religieux.

Son père essaya d'éloigner la faveur du souverain, en représentant, avec respect et sincérité, qu'il n'y avait encore dans l'école aucune chaire de théologie, et que son fils avait jusqu'alors consacré toutes ses études à cette science.

Cette observation fut prise en considération. Le prince convint lui-même que le jeune homme ne devait point entrer à La Solitude; et, pendant quelque temps, il parut avoir complètement oublié cette affaire. Mais, tout-à-coup, et sans qu'on eût aucune raison de s'y attendre, il manifesta de nouveau le désir d'avoir le jeune Schiller dans son École, ajoutant que le choix de ses études serait libre, et qu'il pourrait fixer sa destinée plus avantageusement qu'il ne le ferait jamais dans l'état ecclésiastique. Les amis de la famille, et la famille elle-même, prévirent aussitôt qu'une troisième sommation de la part du souverain deviendrait un ordre ; et, dans la crainte de compromettre ses parents, qui n'avaient pour tout revenu que le produit de la place de son père, le jeune Schiller accepta avec un vrai chagrin la faveur qui lui était offerte.

Forcé d'obéir à la volonté d'un maître, la seule consolation qui resta à Gaspar Schiller, en renonçant à des désirs nourris depuis si longtemps, fut la pensée que l'éducation de son fils s'achèverait gratuitement, et lui assurerait un jour un emploi lucratif, au service du prince.

Le jeune homme quitta donc la maison paternelle, à l'âge de quatorze ans, en 1773, pour entrer à La Solitude. Il choisit, comme étude principale, celle du Droit, la seule, suivant ses parents, qui lui promit un avenir. Mais son imagination active trouva peu de satisfaction dans cette science; et, la première fois qu'il fut appellé, selon l'usage annuel de l'École, à faire l'aveu public de son caractère et de ses bons ou mauvais penchants, il ne put s'empêcher de déclarer que sa vocation l'eût plutôt porté à servir son pays dans l'état ecclésiastique.

On ne fit aucune attention à cette plainte indirecte, et l'étude du Droit fut continuée, avec autant de zèle que de succès, par le jeune élève.

Au bout d'un an, le duc fit appeler pour la troisième fois le père de Schiller; et il lui dit, qu'un trop grand nombre de pensionnaires de l'École se destinant au barreau, son fils ne trouverait pas dans cette carrière autant de chances favorables qu'il en avait d'abord espéré; il l'engageait donc à le faire passer à l'étude de la médecine, promettant d'assurer lui-même l'avenir du jeune homme, dans cette nouvelle profession.

Nouvelles difficultés à surmonter pour

l'élève! Nouvelles inquiétudes pour ses parents!

Déjà Schiller avait sacrifié à son père, son inclination pour un état qui lui semblait destiné par la Providence; maintenant un nouveau sacrifice lui était imposé. Il fallait, après une longue année de travail pénible, en entreprendre un autre, pour lequel il avait autant de répugnance que pour le premier.

Cependant, la docilité, en quelque sorte enfantine, qui ne le quitta pas durant toute sa vie, le fit triompher encore de lui-même; et il se soumit à la nouvelle décision du prince.

Peut-être aussi, en passant de cette façon d'une étude à une autre, et en se laissant de bonne heure devenir savant, le jeune homme avait-il le pressentiment que toutes les connaissances qu'on lui faisait acquérir ne laisseraient pas de fortifier ses facultés

poétiques, tout en développant son juge-
-ment et sa mémoire. Serviteur soumis et
dévoué de sa muse, peut-être trouvait-il
quelque secret bonheur à amasser, pour lui
en faire hommage, les trésors de la science
et de l'érudition, comme ces fiancés courageux et délicats, qui veulent enrichir
leurs épouses en s'unissant à elles.

III.

Schiller avait seize ans lorsqu'il entra dans la classe de médecine. Malgré son peu de goût pour cette science, dans les mystères de laquelle il n'espérait jamais entrer profondément, il finit, au bout de quelque temps, par lui trouver des attraits inconnus.

Bien que l'abord de ses différentes parties lui parût aride, elles traitaient toutes de la nature vivante, et il entrevit mille découvertes à faire dans l'étude physique et morale de l'homme. Sa passion dominante, dès l'enfance, pour les examens minutieux et les réflexions profondes, fut excitée de nouveau par l'espérance de trouver dans l'art de guérir des ressources qui auraient échappé à ses prédécesseurs.

Malgré ce brillant espoir, et malgré l'ordre rigoureux qui devait être observé à l'École, il ne laissa pas d'employer tous les instants dont il put disposer, à des études historiques et littéraires. Il choisit de préférence celles qui excitent l'imagination en élevant l'âme, et il mit de côté celles où l'on ne trouve qu'une froide métaphysique. Parmi les poètes, Klopstock le charmait surtout par le sentiment religieux qui le porte sans cesse aux choses graves et élevées ; et il satisfaisait en même temps son goût et celui de sa sœur, en expliquant à celle-ci, dans ses lettres, les morceaux les plus beaux et les plus difficiles de son auteur favori.

Il ne prévoyait pas alors, dans sa modeste naïveté, le rang élevé où la Providence avait marqué sa place, et il ignorait les dons précieux qu'elle avait mis en lui. Il regardait son amour pour la poésie et pour les ouvrages spirituels comme une pure fantaisie, et il se reprochait les heures qu'il dérobait à ses études. Cependant, une voix intérieure lui criait : le grand docteur et naturaliste Haller n'était-il pas aussi poète? Qui a mieux manifesté son admiration pour les œuvres du créateur que Haller?

L'exemple de Haller n'était pas, au reste, le seul qui pût le justifier à ses propres yeux. Dans la classe même où il se trouvait, beaucoup d'élèves partageaient ses goûts; parmi ceux-là, Petersin, Hofer, Massenbach, et plusieurs autres, se sont fait remarquer dans la suite comme poètes et écrivains.

Plus les études journalières de ces jeunes gens exigeaient d'eux d'application, plus ils prenaient de plaisir à la lecture des ouvrages de Goëthe et de Wieland, leurs auteurs préférés. Ils en faisaient des extraits; et leurs dispositions naturelles ne leur permettaient pas de s'en tenir à la simple lecture, sans essayer leurs propres forces, d'après leurs modèles. Ne pouvant d'ailleurs satisfaire cette commune envie, qu'en secret et à la dérobée, à cause de la sévère discipline sous laquelle ils vivaient, ils se lièrent entr'eux d'une si étroite amitié, qu'ils ne se retrouvèrent jamais, dans l'avenir, sans faire éclater la plus grande joie.

Les ouvrages dramatiques ne cessaient de faire la plus profonde impression sur

Schiller. Dans la moindre pièce, l'action en général, et chaque scène en particulier, réveillaient l'instinct poétique qui dormait en lui; et tel était l'attrait qui l'emportait vers le théâtre, qu'on n'avait qu'à lui faire entrevoir la moindre idée qui y eût rapport, pour mettre aussitôt son imagination aux champs.... A l'âge de dix ans, il avait déjà vu représenter à Ludwisburg plusieurs opéras que le duc avait fait monter avec tout le luxe et tout l'art de cette époque. L'intelligent enfant avait été sans doute émerveillé de ces magnifiques décorations, et de ces ballets dansés par mademoiselle Vestris, au bruit de la musique de Noverre et du plus bel orchestre qui se peut entendre en Allemagne; mais tout cela n'avait agi que sur ses yeux et ses oreilles, et son esprit et son cœur étaient frappés bien plus fortement par les pièces de *Jules de Tarente*, *Ugolino*, *Gœtz de Berlichingen*, et tous les grands drames de Schakspeare. Ces lectures lui inspiraient un tel enthousiasme et exerçaient sur lui une telle influence, qu'à peine entré dans sa dix-septième année, il essayait déjà son génie dramatique, en esquissant sa fameuse tragédie des *Brigands*. Et qu'on ne croie pas que cette prédestination pour l'art du théâtre en particulier, fît aucun tort à son amour pour les beaux arts en général. Loin de s'affaiblir en lui, cet amour se fortifiait sans cesse par ses relations intimes avec les élèves de l'École qui se vouaient à la peinture, et à la musique; car, bien que la discipline obligeât les pensionnaires à s'occuper avant tout de leur spécialité, il était permis à chacun d'employer ses loisirs suivant sa fantaisie, dans les conditions exigées pour l'ordre général. Par exemple, les élèves qui avaient le goût du théâtre pouvaient, une fois par an, jouer des pièces entre eux dans la grande salle de l'École, pourvu néanmoins que les rôles de femmes fussent remplis par des hommes. Il fut impossible à Schiller de résister à la tentation de prendre part à ce divertissement. Il se chargea d'un rôle dans la pièce de *Clarijo*, et il s'en acquitta si mal, que longtemps après il en plaisantait encore avec ses amis.

Ces distractions n'avaient rien que de poétique, mais elles lui faisaient naturellement négliger ses études, et l'entraînaient quelquefois au point de lui attirer les remontrances de ses professeurs.

Cependant, par amour pour ses parents qu'il voulait satisfaire à tout prix, aussi bien que par un sentiment de noble émulation, il prenait chaque jour la résolution de se livrer exclusivement à la médecine, et il était quelquefois, pendant des semaines entières, un modèle de courage et d'assiduité pour toute l'École. Mais était-ce sa faute, si, au milieu de son application la plus obstinée, des idées étrangères venaient l'arracher à son travail? Pouvait-il arrêter ses yeux sur ses dessins anatomiques, sans que son ardente imagination prît l'essor au-delà des lignes mortes, et se perdît dans la contemplation du vivant spectacle de la nature et de l'humanité? Lui était-il possible enfin de ne pas entendre l'instrument qui résonnait en lui-même, de repousser les inspirations de la Muse fidèle qui le disputait à la Science? Au milieu même de la classe, tandis qu'il prêtait la plus consciencieuse attention aux paroles de ses professeurs, une phrase, un mot, un signe, un souvenir, le rejetaient malgré sa volonté dans le champ de la poésie. Entraîné par une force magique, il ne pouvait qu'en suivre l'impulsion, et plus il se faisait homme, plus la passion grandissait avec son génie!

Enfin, décidé à en finir avec cette lutte qui le minait et l'épuisait, sans l'avancer d'aucun côté, « il résolut sérieusement de ne pas ouvrir un livre, de ne pas écrire une ligne, de ne pas avoir une pensée qui n'eût rapport à la médecine, jusqu'au jour où il serait maître à la fois de cette science et de son avenir [1]. » Il avait alors dix-sept ans. Malgré tout ce que lui coûta un pareil sacrifice, il eut la force de le consommer ; et il travailla tant et si bien, qu'au bout de trois mois, il fut en état de passer avec avantage un important examen. Cet effort l'affaiblit un peu ; mais, la victoire une fois remportée, il retrouva ses forces avec sa joie, dans un retour momentané à sa chère poésie...

Plus il y avait de temps qu'il avait quitté cette belle et adorée maîtresse, plus il revint à elle, ardent et empressé. Lui consacrant

[1] Extrait d'une lettre de Schiller.

tous ses moments de loisir et de repos, il se remit à sa tragédie des *Brigands*. Il composa aussi un opéra, *Sémélé*, sur une échelle si grandiose, que les ressources de tous les arts réunis n'eussent pu en réaliser la représentation.

Du reste, en passant de la théorie de la médecine à la pratique, Schiller trouva aplanies toutes les difficultés qui l'avaient arrêté jusqu'alors. L'application des principes qu'il avait étudiés lui sembla curieuse et intéressante. Son génie d'observation s'y montra et s'y déploya tout à l'aise, si bien qu'il étonna souvent les plus renommés praticiens, par la supériorité de ses raisonnements et de ses conclusions. Il fut donc admis, sur leurs certificats, à présenter et à discuter sa thèse en pleine académie. Malgré la timidité qui paralysait ses moyens, et le peu d'aptitude qu'il avait à parler en public, comme nous l'avons vu par son échec dans la pièce de *Clarijo*, il sortit de cette épreuve avec tant de succès, qu'il fut immédiatement attaché au service du prince, et envoyé, comme chirurgien, au régiment de grenadiers en garnison à Stuttgard, avec dix-huit gulden d'appointements par mois.

IV.

Bien que Schiller méritât une distinction plus marquée, et que l'emploi qu'il obtint fût, ainsi que sa solde, infiniment au-dessous des espérances que ses parents avaient conçues, d'après les promesses du prince, personne n'osa proférer la moindre plainte. Quant à lui, qui aurait eu le plus de raison d'être mécontent, il fut, au contraire, celui qui se réjouit le plus. Ce changement donnait l'essor à son activité, et pouvait lui permettre de satisfaire son amour pour la poésie, qui devenait de jour en jour plus ardent. Plus il réfléchissait à l'esclavage monotone dans lequel il avait passé sa plus belle jeunesse, plus il s'occupait avec passion du projet de jouir de sa liberté. Or, c'était la première fois qu'il voyait cette liberté lui sourire!... Aussitôt donc qu'il eut pris possession de sa place, il revint à la littérature, et il commença à mettre tout à fait en ordre sa pièce des *Brigands*.

Il l'avait écrite à la Solitude, pendant les quatre dernières années, et l'ouvrage fut imprimé en 1781.

Il est impossible de peindre la sensation que fit l'apparition de ce premier ouvrage d'un élève de l'École et d'un favori du souverain, dans cette tranquille et innocente ville de Stuttgard, qui s'était jusqu'alors contentée des livres doux et pieux de Gilbert, Hagedorn, Ramler, Rabner, Krammer, Schlegel, Haller, Klopstock, etc.

Mais la réputation du jeune poète passa promptement les bornes de son pays. Toute l'Allemagne fit entendre un cri d'admiration et d'étonnement, en voyant un jeune homme entrer dans la carrière avec une œuvre par laquelle tant d'autres eussent été glorieux de la terminer.

Des louanges si flatteuses pour l'amour-propre de Schiller, loin de le porter à se croire parfait, ne firent qu'exciter son ardeur au travail.

Il publia, dans la même année, un recueil de poésies, composées avec un de ses camarades, pendant leur séjour à l'École; ce recueil parut sous le titre d'*Anthologie*.

Le professeur Balthazar Hanz rédigeait alors une Revue, sous le nom de *Magasin de Souabe*, et cette publication touchait à son terme; Schiller résolut de la continuer avec ses amis, ce qui leur fut d'autant plus facile, qu'ils avaient déjà des matériaux amassés.

Il fit paraître dans cette Revue une critique des *Brigands*. Cette critique était d'une telle sévérité, qu'on ne put concevoir comment on se permettait de traiter ainsi une œuvre d'un mérite si éclatant, et qui avait acquis le suffrage des juges les plus difficiles. Le mécontentement général qu'excita cette boutade amusa d'autant plus Schiller, qu'à l'exception d'un très petit nombre d'amis, personne ne soupçonna qu'il s'était fait son propre censeur. Au milieu des travaux littéraires où il se plongeait avec délices, Schiller se serait trouvé heureux dans sa sphère, et n'eût formé aucun autre désir, si les besoins matériels de la vie n'eussent rien exigé de plus. Mais, à Stuttgard, le nombre des libraires et des lecteurs qui achetaient les livres était très restreint. Les *Brigands* n'avaient point trouvé d'éditeurs qui voulussent les publier à leurs frais, encore moins qui consentissent à avancer de l'argent à l'auteur. Schiller donc dut les faire imprimer lui-même; et, ses fonds n'y suffisant pas, il fut obligé d'emprunter. Dans l'espoir de sortir de cet embarras, et aussi pour faire connaître son ouvrage à l'étranger, il écrivit à M. Schewan, libraire et conseiller à Manheim, où il jouissait d'une grande considération. Il lui envoya les feuilles déjà prêtes, et elles lui revinrent chargées des sévères annotations du libraire. Cependant, M. Schewan, désirant être utile au jeune poète, employa tout son crédit auprès du baron de Dalberg, intendant du théâtre de Manheim, afin que les *Brigands* y fussent représentés. Le baron prit cette demande en considération, et il engagea Schiller, non seulement à corriger ses *Brigands*, mais à arranger à l'avenir ses autres pièces pour les acteurs du théâtre de Manheim. Schiller accepta d'autant plus volontiers cette proposition, qu'il n'entrevoyait pas encore le moment où ses pièces pourraient être jouées sur le théâtre de Stuttgard; et d'ailleurs, dans cette ville, l'exécution en eût toujours été médiocre.

Il entreprit donc aussitôt le remaniement de son ouvrage; tâche d'autant plus difficile, que la sujétion à laquelle elle le soumettait ne faisait que lui rendre plus pénibles les mille inconvénients de sa position. Il ne pouvait supporter surtout l'uniformité de ses visites à l'hôpital, et l'obligation où il était d'aller tous les jours à la revue porter au général le rapport des maladies. Il n'était pas jusqu'à son uniforme qui ne fît son malheur. Il consistait en un habit bleu, col en velours noir, pantalon blanc, chapeau sans grâce, et épée sans ceinture. De tels insignes étaient utiles sans doute pour le maintien de la subordination ; mais ils étaient bien loin de flatter les goûts poétiques du jeune homme. Autre désagrément ; il ne pouvait quitter la ville un seul moment pour aller voir sa famille, sans la permission préalable du général. Dès son enfance, il s'était vu réduit à n'avoir avec ses parents qu'un commerce de lettres ; et quand il se croyait enfin libre de communiquer immédiatement avec eux, il fallait s'en remettre, à cet égard, à la bonne ou mauvaise humeur d'un maître.

Ce fut à cette époque qu'il écrivit à Wieland. On sait la haute admiration qu'il avait pour ce grand poète, et on peut juger de son bonheur lorsqu'il reçut de lui une réponse qui le complimentait, non seulement sur la perfection précoce de ses essais, mais encore sur la grandeur de son avenir. La lecture de cette lettre aux amis qui sympathisaient à sa situation, fut pour eux, comme pour lui, une véritable fête. On ne parla pas d'autre chose pendant plusieurs jours.

De tels encouragements relevaient le courage du jeune poète, et lui faisaient oublier ses chagrins. Au bout de trois mois, le remaniement de sa tragédie fut achevé, et il se trouva soulagé d'un poids énorme, en voyant son manuscrit au net et prêt à partir pour Manheim. Qu'on juge de la peine que ce travail lui avait donné par la lettre suivante qu'il envoya au baron de Dalberg avec sa pièce. Cette lettre prouvera en même temps combien Schiller était juste pour lui-même. Il y a certes bien peu de poètes qui aient jugé ainsi leur premier ouvrage, à l'âge de vingt-deux ans.

V.

Stuttgard, 6 Octobre 1781.

« Voici, monsieur, le *Fils Perdu*, ou les *Brigands*, refondu de mon mieux. Pour me pardonner de ne vous avoir pas envoyé ma pièce à l'époque convenue, il vous suffira d'apprécier, d'un coup d'œil rapide, les changements importants que j'ai dû y faire.

Je ne vous parle pas d'une épidémie survenue dans mon hôpital, et qui m'a péniblement distrait de mes loisirs poétiques. Ce qu'il y a de sûr, maintenant que le travail est fait, c'est qu'il ma coûté plus de peines et de fatigues que la composition d'un ouvrage nouveau, voire même d'un chef-d'œuvre. Tantôt il m'a fallu retrancher des parties qui tenaient au fond même de la pièce; tantôt j'ai dû sacrifier des passages que je croyais fort bons, aux étroites limites de la scène, aux caprices du parterre, à l'esprit borné de la galerie, et à mille autres raisons plus ou moins pitoyables. Je vous parle ainsi, connaissant votre expérience du théâtre. Vous savez mieux que moi que la scène et la vie ont des conditions différentes. Vous savez aussi qu'un mot changé, une intention supprimée, défigurent tout un morceau, qu'un trait ôté à un caractère peut gâter le caractère même, et qu'une scène mise à la place d'une autre renverse toute l'économie de l'action.

« Je ne pensais point à la représentation, quand je traçais les caractères d'Hermann et de Franz. Ce dernier est un scélérat qui raisonne. Une telle création peut plaire au lecteur qui réfléchit, et fatiguer le spectateur qui ne voit que l'action. Cependant, je ne pouvais faire de Franz un autre homme, sans porter un coup fatal à la base même de ma tragédie. Je prévois donc que ce rôle n'aura pas en scène le même succès qu'à la lecture. Il perdra dans cette épreuve toutes les nuances délicates que j'y avais mises, et par conséquent les deux tiers de son effet.

« Quant au brigand Moor, je le crois appelé à faire époque au théâtre, s'il se trouve un acteur capable de le comprendre et de le représenter. Sauf quelques raisonnements indispensables, ce caractère est tout action et vit extérieurement d'un bout de la pièce à l'autre.

« Spiegelberg, Schweizer, Hermann, sont taillés pour la scène. Mais Amélie et le père ont, je l'avoue, de grands inconvénients.

« J'ai profité, autant que possible, des critiques verbales, écrites, et imprimées. On m'a souvent demandé plus que je ne pouvais faire. Quand un auteur dramatique est réduit à corriger son propre ouvrage, cela est loin de prouver qu'il puisse atteindre au *nec plus ultra* de la perfection.

« J'ai tâché de rapprocher Franz de l'humanité, et on trouvera sans doute un peu étrange le chemin que je lui ai fait prendre pour cela. Toutefois, la scène de sa condamnation, au cinquième acte, et celle du sacrifice d'Amélie par son amant, seront neuves au théâtre, autant qu'il m'est permis de l'imaginer. Ces deux ca-

tastrophes me semblent, non seulement le dénoûment nécessaire, mais le couronnement de la pièce. Le rôle de Moor est entièrement fini, et je pense que, la toile tombée, on oubliera tout-à-fait qu'il a été brigand. Si la scène paraît trop longue, on l'abrégera suivant les convenances du théâtre, en retranchant quelques traits par endroits, sans nuire à l'effet général. Mais je dois déclarer qu'après la représentation, la pièce sera imprimée telle que je vous l'envoie, car j'ai eu mes motifs pour y laisser tout ce que j'y laisse, et je ne puis pousser le respect pour les convenances du théâtre jusqu'à mutiler mon œuvre, et jusqu'à dénaturer le caractère des personnages pour la commodité des acteurs. » . . . .
. . . .

Fr. Schiller. R. Med.

VI.

Le poëte seul qui a passé par la position où se trouvait Schiller pourra se figurer, avec quelle impatience il attendait des nouvelles de Manheim, après l'envoi de son manuscrit, et dans quelle anxiété il passa le temps nécessaire à l'examen de sa pièce.

Voici ce qu'il disait lui-même à ce sujet dans une de ses lettres :

« Je ne puis vivre que je n'aie su le sort de mes *Brigands*. On ne me dit que du bien de M. Borck à qui j'ai destiné le rôle de Moor. »

Et dans une autre lettre :

« Je me réjouis parfois comme un enfant, je vois tout mon monde dramatique s'ouvrir devant moi. »

Enfin, arriva le jour tant desiré. Schiller vit représenter sur le théâtre de Manheim, à la mi-janvier 1782, ce *Fils perdu* qu'il avait d'abord intitulé les *Brigands*. De Heidelberg, de Darmstadt, de Francfurt, de Mainz, de Worms, de Speier, et de tous les pays environnants, on arriva à Manheim en foule, à pied, à cheval et en voiture, pour voir la première représentation de cette pièce, qu'une publicité particulière avait d'avance rendue célèbre. On savait que des aventures terribles et inouies y étaient mises en scène, et on attendait merveille des acteurs, qui, ayant le talent de faire valoir des rôles insignifiants, se surpasseraient eux-mêmes en jouant une œuvre aussi forte qu'originale.

Les personnes qui n'avaient pas l'avantage d'avoir des loges arrêtées d'avance, furent obligées de se rendre au théâtre, à une heure après midi, pour y attendre jusqu'à cinq heures l'ouverture du spectacle ; et la foule fut si considérable que la salle ne pût contenir tout le monde. Pour faciliter les changements de décorations on avait divisé la pièce en six actes au lieu de cinq ; de sorte que la représentation dura cinq heures. Les trois premiers actes n'eurent point le succès qu'on avait attendu, d'après la lecture du manuscrit ; mais les trois derniers furent applaudis de façon à satisfaire les exigences les plus ambitieuses.

Si on veut savoir quel effet le succès des

Brigands produisit sur l'esprit de Schiller, voici ce qu'il en dit dans sa lettre au baron de Dalberg, du 17 janvier.

« Je me suis examiné moi-même autant que mon public, et je crois que si l'Allemagne doit me compter un jour au nombre de ses poètes dramatiques, cette nouvelle ère de ma vie date de la semaine dernière. »

Dans la même lettre, il exprime ainsi la surprise que lui avait causé le jeu d'Iffand :

« Je conviens que le rôle de Franz, le plus difficile de la pièce, a été rendu avec une supériorité et un bonheur qui passe mon attente; » (ce qui n'était pas peu dire.)

VII.

Tel fut le début de Schiller au théâtre. On voit combien d'épreuves il eut à soutenir avant d'y arriver, et par quelles transformations il dut passer pour devenir enfin lui-même.

Son père le destine d'abord à l'état ecclésiastique, et il étudie la Théologie et l'Écriture. Après son père, son prince dispose de lui, et l'attache à une école militaire. Mais rien chez le jeune poète ne promet un guerrier, et voilà qu'on le plonge dans la poudre des chartes et dans le labyrinthe du Droit. Vient un nouveau caprice du prince. Trop de jeunes gens travaillent pour le barreau. Il faut que Schiller y renonce; et le voici élève en médecine, chirurgien d'un régiment, et enfin docteur. Tout cela avant vingt-deux ans!...

L'auteur des *Brigands* parcourut donc tout le cercle des connaissances humaines avant d'être définitivement poète dramatique. Quelle éducation! quel noviciat! quelles études! et quel fond! Comment s'étonner après cela qu'un tel homme, doué de facultés si hautes et si étendues, développé par de pareils travaux, soit devenu le premier écrivain dramatique et le premier historien de l'Allemagne, une des illustrations de son époque, l'auteur de *Guillaume Tell*, de *Wallenstein*, et de la *Guerre de Trente ans*.

VIII.

L'histoire de la jeunesse de Schiller, proprement dite, et de ses plus rudes épreuves, finit à la représentation de la tragédie des *Brigands*. Non qu'il n'ait eu encore de cruelles difficultés à vaincre; mais il fut désormais soutenu dans la lutte par des encouragements et des succès, qui ne tardèrent pas à assurer son triomphe sur les ennemis involontaires de son génie et de sa gloire. Le duc de Wurtemberg lui-même comprit bientôt qu'il fallait renoncer au docteur Schiller pour le poëte Schiller, et laisser l'Allemagne gagner un grand homme à ce changement.

Si nos lecteurs veulent le suivre dans sa fuite de Stuttgard, dans son séjour à Manheim, auprès du baron de Dalberg, et dans ses différents voyages à Munich, en Franconie, à Rudolstadt, à Berlin et à Weimar, nous ne pouvons que les renvoyer à la savante notice de M. de Barante, qui ne leur laissera rien à désirer, comme elle ne nous laisse rien à dire, sur toute cette seconde partie de la vie et des ouvrages de Schiller.

C'est à Weimar que madame de Staël rencontra l'auteur des *Brigands*, à son passage en Allemagne. L'opinion d'une telle femme sur un tel homme, ne sera pas déplacée ici.

« La première fois que j'ai vu Schiller, dit-elle,[1] c'était dans le salon du duc et de la duchesse de Weimar, en présence d'une société aussi éclairée qu'imposante. Il lisait très-bien le français, mais il ne l'avait jamais parlé. Je soutins avec chaleur la supériorité de notre système dramatique sur tous les autres; il ne se refusa point à me combattre; et, sans s'inquiéter des difficultés et des lenteurs qu'il éprouvait en s'exprimant en français, sans redouter non plus l'opinion des auditeurs qui était contraire à sienne, sa conviction intime le fit parler. Je me servis d'abord, pour le réfuter, des armes françaises : la vivacité et la plaisanterie; mais bientôt je démêlai, dans ce que disait Schiller, tant d'idées à travers l'obstacle des mots; je fus si frappée

[1] De l'Allemagne, tome 1, page 218.

de cette simplicité de caractère, qui portait un homme de génie à s'engager ainsi dans une lutte où les paroles manquaient à ses pensées; je le trouvai si modeste et si insouciant dans ce qui ne concernait que ses propres succès, si fier et si animé dans la défense de ce qu'il croyait la vérité; que je lui vouai, dès cet instant, une amitié pleine d'admiration.

« Schiller, dit plus haut madame de Staël, était un homme à la fois d'un génie rare et d'une bonne foi parfaite; ces deux qualités devraient être inséparables, au moins dans un homme de lettres... Il n'y a pas une plus belle carrière que celle des lettres quand on la suit comme Schiller... Il était admirable entre tous, par ses vertus autant que par ses talents. La conscience était sa muse; celle-là n'a pas besoin d'être invoquée, car on l'entend toujours quand on l'écoute une fois. Il aimait la poésie, l'art dramatique, l'histoire, la littérature pour elle-même. Il aurait été résolu à ne point publier ses ouvrages, qu'il y aurait donné le même soin. Jamais aucune considération tirée, ni du succès, ni de la mode, ni des préjugés, ni de tout ce qui vient des autres enfin, n'aurait pu lui faire altérer ses écrits ; car ses écrits étaient lui ; ils exprimaient son âme, et il ne concevait pas la possibilité de changer une expression, si le sentiment intérieur qui l'inspirait n'était pas changé !... Schiller s'était fait tort, à son entrée dans le monde, par des égarements d'imagination ; mais, avec la force de l'âge, il reprit cette pureté sublime qui naît des hautes pensées. Jamais il n'entrait en négociation avec les mauvais sentiments. Il vivait, il parlait, il agissait, comme si les méchants n'existaient pas ; et, quand il les peignait dans ses ouvrages, c'était avec plus d'exagération et moins de profondeur que s'il les avait vraiment connus.... Schiller a été le meilleur ami, le meilleur père, le meilleur époux. Aucune qualité n'a manqué à ce caractère doux et paisible que le talent seul enflammait. L'amour de la liberté, le respect pour les femmes, l'enthousiasme des beaux arts, l'adoration pour la divinité, animaient son génie, et, dans l'analyse de ses ouvrages, il serait facile de montrer à quelle vertu ses chefs-d'œuvre se rapportent. »

Nous ne terminerons pas cette notice sans joindre au jugement de madame de Staël sur Schiller, le récit touchant que fait M. de Barante des derniers moments du grand poète.

« C'est au sein de la plus féconde activité, c'est lorsque Schiller aurait pu se promettre une carrière encore longue de succès et de bonheur, que l'impitoyable sort vint interrompre une si honorable vie. Un voyage qu'il fit à Berlin, pour y voir représenter *Guillaume Tell*, le fatigua beaucoup. Il en revint malade. Sa famille et ses amis en conçurent les plus vives inquiétudes. Il se rétablit cependant un peu, et reprit ses occupations. Vers la fin de 1804, il composa, pour les fêtes du mariage du prince héréditaire de Weimar et de la grande-duchesse de Russie, une scène lyrique dont les vers sont pleins de grâce et d'élégance.

» Peu de mois après, il tomba encore malade; et la fièvre catharrale, dont il était atteint, ayant pris un caractère pernicieux, il succomba le 9 mai 1805.

« Il n'était âgé que de quarante-cinq ans. Sa fin fut douce. Quelques instants avant son dernier soupir, madame de Wollzogen lui ayant demandé comment il se trouvait :

— *Toujours plus tranquille*, repondit-il.

« C'était en effet l'histoire de sa vie ; c'est là ce qui lui prête tant d'intérêt. Quel spectacle peut, en effet, élever et rassurer plus que la marche constante de cette âme ardente et agitée vers la religion, la vertu et le bonheur? Quoi de plus instructif que de voir un esprit si actif et si inquiet, nourri d'abord dans toutes les habitudes de la morale et de la piété qui deviennent l'instinct de son enfance ; se révoltant ensuite, dans l'âge des passions, contre une telle contrainte; s'enhardissant à tout attaquer et à tout braver ; se livrant au doute et à l'insulte[1] ; puis ne trouvant qu'angoisses et souffrances dans cette lutte ; et ramené, non par l'autorité, non par la faiblesse, mais par la force de la raison et l'impulsion du cœur, à la source de tout repos ; et, à mesure qu'il suit cette route salutaire, pouvant dire

---

[1] Voir les *Brigands* et l'*Intrigue et l'Amour*.

avec la conviction de la conscience : *Toujours plus tranquille !...* C'est la colombe, qui, après avoir quitté l'arche et avoir erré sur les eaux de l'abime, ne pouvant trouver pied nulle part, revient au gîte céleste.

» Il avait voulu être enseveli sans aucune pompe. Ce fut pendant la nuit que son corps fut porté à la dernière demeure, suivi de ses amis et d'une foule de jeunes gens qui rendaient hommage à celui dont les chants avaient excité en eux l'enthousiasme du beau et du bien. On raconte que, durant le convoi, le ciel était couvert de sombres nuages, mais qu'au moment où l'on approchait de la fosse, la lune parut, et éclaira, de ses pâles rayons, le cercueil du poète. »

La postérité de Schiller n'est point éteinte ; car les journaux annonçaient encore, il y a peu de jours, qu'on vient de proroger de vingt ans les droits héréditaires de sa fille sur le produit de ses œuvres, dont la moindre contrefaçon est punie d'une amende de mille ducats. — Noble exemple à proposer, en passant, aux gouvernements qui ne savent pas régler et maintenir la propriété littéraire!

FIN DU SECOND ET DERNIER VOLUME.

TABLE DU SECOND VOLUME.

Le Visionnaire.   1
Huitième lettre.   5
Neuvième lettre. 23
Dixième lettre. 33
Complément. 59
Les Amours généreux. 87
Le Criminel par honneur perdu. 105
Le Jeu du Destin. 193
Le duc d'Albe à Rudolstadt. 239
La Jeunesse de Schiller. 255

www.ingramcontent.com/pod-product-compliance
Lightning Source LLC
Chambersburg PA
CBHW060405170426
43199CB00013B/2008